KB200060

사랑하느라 힘든 당신에게

사랑하느라 힘든 당신에게

지은이 | 손성찬
초판 발행 | 2023. 4. 12
등록번호 | 제 1988-000080 호
등록된 곳 | 서울특별시 용산구 서빙고로 65길 38
발행처 | 사단법인 두란노서원
영업부 | 2078-3352   FAX | 080-749-3705
출판부 | 2078-3331

책값은 뒤표지에 있습니다.
ISBN 978-89-531-4453-8 03230

독자의 의견을 기다립니다.
tpress@duranno.com www.duranno.com

두란노서원은 바울 사도가 3차 전도여행 때 에베소에서 성령 받은 제자들을 따로 세워 하나님의 말씀으로 양육하던 장소입니다. 사도행전 19장 8-20절의 정신에 따라 첫째 목회자를 돕는 사역과 평신도를 훈련시키는 사역, 둘째 세계선교(TIM)와 문서선교(단행본·잡지) 사역, 셋째 예수문화 및 경배와 찬양 사역, 그리고 가정·상담 사역 등을 감당하고 있습니다. 1980년 12월 22일에 창립된 두란노서원은 주님 오실 때까지 이 사역들을 계속할 것입니다.

사랑의 삶을
포기하지 않는 이들을 위한
위로

사랑하느라 힘든 당신에게

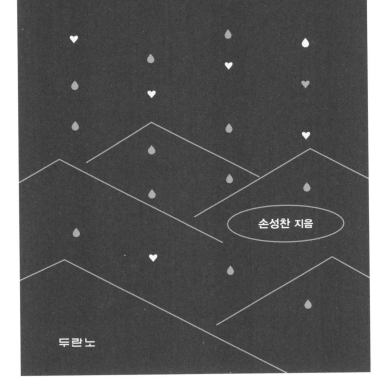

손성찬 지음

두란노

차례

━━━━━   손성찬 목사의 신간이 발간되었다. 저자의 글은 리듬감을 넘어 다이내믹하고, 내용은 진지한데 재미나고, 신학적 스탠스는 보수 신학의 영광을 지켜야 한다는 사명감이 느껴질 정도로 비장하고 탄탄하다. 무엇보다 저자의 글은 성도들의 삶과 현실과 정황을 끝까지 붙잡고 늘어지기 때문에 읽고 나면 청량감까지 안겨 준다. 그런 저자의 신간, 《사랑하느라 힘든 당신에게》는 제목에도 나와 있듯이 '사랑'에 대한 이야기다. "사랑이신 하나님이 영원한 것처럼 사랑인 사람은 영원할 것"이고, "'사람'은 사라져도 '사랑'은 남고, '세상'은 사라져도 '사랑'은 남을 것"이라고 저자는 말한다. 그러나 자기 자신뿐만 아니라 누군가를 사랑하는 것이 쉬운 사람은 아무도 없을 것이다.

이런 우리에게 저자는 사랑에 대해 사뭇 진지하게, 그러나 유쾌하게 자신의 이야기를 통해 술술 풀어 나간다. 저자의 글은 사랑에 대한 것이지만 사람을 떠오르게 해, 어느새 누군가에게 사랑을 표현하고 싶어 하는 자신을 발견할 수 있을 것이다. 또한 사람을 떠오르게 한 저자의 글은 하나님을 떠오르게 해, 어느새 사랑이신 하나님을 보여 주고 싶어 하는 자신을 발견하게 될 것이다. 사랑을 너무 잘 알지만 사랑을 전혀 모르는, 사랑이 너무 친숙하지만 이보다 더 먼 것도 없어 보이는, 사랑하느라 힘든 모든 사람에게 일독을 권한다.

김관성 목사 낮은담교회 담임

━━━━━　　저자는 자신과 자신의 살아가는 삶의 모습을 편하게 독자들에게 보여 주며 삶의 현장에서 깨닫게 된 사랑에 대한 지혜를 전해 주고 있다. 독자들로 하여금 일상에서 필요한 사랑을 깨닫게 하며, 사랑에 닿고자 하는 잔잔한 열망을 갖게 해 준다. 저자가 먼저 사랑의 지혜를 찾고 연습하는 모습이 우리를 그 뒤를 따르고픈 열망으로 따뜻하게 인도해 준다. 사람을 사람답게 그리고 가치 있게 대하며, 이웃들에게 따뜻한 입김의 사랑을 친히 전하는 저자의 삶이 이 시대에 좋은 본이 되어 준다. 사랑의 잠재력을 갖고 태어난 우리가 그 사랑을 꺼내어 자신을 사랑하고 이웃을 사랑하도록 편안하게 글로 안내해 주어 참으로 감사하다.

김숙경 소장 김숙경사랑연구소

━━━ '사랑'이 넘쳐나는 시대를 산다. 노래도 영화도 사랑을 갈구하고 실패한 사랑에 눈물 흘린다. 세상의 실제가 없는 사랑은 놀랍게도 사랑의 원형을 배운 그리스도인들에게도 영향을 끼친다. 사랑을 배우고 익혀야 할 곳이 세상에 두 곳이 있다면 하나는 가정이고 하나는 교회인데, 두 공동체 모두에서 사람들은 사랑 대신 거리두기, 가면 쓰기, 어떤 때에는 혐오하기를 배운다. 사랑이라는 깃발은 나부끼지만, 어디서고 진짜 사랑을 맛보기는 힘들다. 이 가운데 저자가 너무도 뻔한, 하지만 무엇보다 필요한 주제를 꺼내들어 묵직하면서도 일상적인 소재를 통해 우리 곁으로 슬며시 다가왔다. 메신저에 그치지 않고 자신의 현장에서 최선을 다해 사랑하며 살아 보려 분투했던 이의 글결이 느껴졌다. 성경과 자신 앞에 놓인 현실 사이의 행간을, 그리스도인과 목회자로서의 간극을 어떻게든 없애 보려는 가운데 사랑을 실험하고 사유하고 추구하며 묵상하는 그 시도들이 한참 더 산 내게도, 신선한 통찰을 제공하며 도전을 준다. 만약 사역자들이 이 책을 읽는다면, 그동안 개념에만 머물렀던 자신의 메시지와 그 실존적 간극을 내버려 두었던 삶을 반성하게 될 것이고, 성도들은 이 책을 읽으며 자신의 자리에서 다시 한 번 '사랑'이라는 본질적 명령과 존재를 떠올리며 실천하게 될 것이다. 어쩌면 사랑을 잘하도록 하는 게 이 책의 목적은 아닌 듯하다. 어느덧 사랑하는 것에 겁먹어 버린 당신의 영혼을 보듬고, 오늘 바로 그 자리에서부터 그간 얼어붙었던 한 발을 조심스레 내딛게 만들 책이다. 더 잔잔하게, 더 소소하게, 더 깊게 사랑하게끔 이끌어 주는 사랑스러운 책이다.

김형국 목사 하나복DNA네트워크 대표

▬▬▬▬ "사랑하지 아니하는 자는 하나님을 알지 못하나니 이는 하나님은 사랑이심이라"(요일 4:8). 조금만 생각해 보면 이 말씀처럼 우리에게 사랑에 대한 부담을 안겨 주는 말씀도 없다. 아니, 사랑이 얼마나 어려운데 사랑 좀 하지 못했다고 하나님까지 모른다고 해 버리다니 이런 무자비한 말이 어디 있단 말인가? 이처럼 사랑에 대한 성경의 메시지는 때로 우리에게 명쾌함보다는 모호함과 부담감으로 다가오곤 한다. 저자의 말마따나 사랑은 친숙하면서도 너무나 멀다. 이런 우리를 향해 손성찬 목사는 사랑이 실은 우리 주변에, 삶에 그리고 작은 실천 속에 이미 존재하고 있었음을 깨닫게 해 준다. 그러면서 어느새 우리가 놓치고 있던 사랑이 무엇인지를 알게 한다. 그래서일까? 그의 글을 보면서 "아…"라는 작은 감탄을 몇 번이나 읊조렸다. 아마, 이 책을 다 읽은 후에도 여전히 우리에게 사랑은 어려울 것이다. 하지만 한 가지는 분명하다. 적어도 책을 읽고 난 다음에는 사랑을 하고 싶어질 것이다. 그것만으로도 이 책이 가져다주는 가치는 충분히 차고 넘친다.

조재욱 목사 《물음에 답하다》 저자

"과연 천국에 가서도 우리는 서로를 알아볼 수 있을까?" 누구나 한 번쯤은 떠올렸을 만한 질문일 법하다. 하지만 안타깝게도 성경은 이 부분에 대해 많은 정보를 제공하지 않는다. 이 땅에 이미 임한 하나님 나라에 대해서는 참으로 많이 언급하고 있지만, 종말에 완성될 하나님 나라, 소위 '천국'이라 불리는 곳에 대한 분량은 매우 적다. 그리고 그조차 비유나 상징으로 서술된 경우가 많기에, 무언가를 단언하기에는 지극히 조심스럽다. 다만 신학자들은 고민 끝에 이 질문에 대해 이렇게 결론을 내린다. 이 땅에서 가졌던 사랑의 관계에 따라 그 관계가 이어질 수 있다고 말이다. 이 땅에서 살아가면서 당신이 어떤 색깔과 밀도의 사랑을 했는지, 혹은 어떤 사랑을 만들어 갔는지에 달려 있다는 뜻이다. 결국 사랑이 아닌 것들은 우리 곁에서 모두 지워지고, 오직 사랑만 남는다.

"내가 키우던 반려동물이 죽으면 어떻게 될까?"라는 질문 역시 마찬가지다. 그 반려동물이 천국에 존재할지 안 할지는 모른다. 그것은 더 정보가 없다. 다만 기독교 변증가인 C. S. 루이스(Lewis)는 앞선 맥락과 마찬가지로 이렇게 대답했다. 만약 당신이 사랑으로 키우고 충분히 교감했던 반려동물이라면, 분명 그때에도 얼굴을 마주한 채 함께 존재할 것이라고 말이다.

그러나 다시 언급하듯, 성경은 분명 훗날에 가게 될 그때의 이야기보다 지금 여기에 이미 임한 하나님 나라에 대해 압도적으로 더 많은 분량을 언급하고 있다. 하지만 상관없다. 여기나 거기나, 지금이나 나중이나 결국 이 모든 이야기는 다름 아닌 '사랑'에 대한 것이다. 결국 '사랑'이 하나님 나라에 가는 것이기에 그렇다. 사랑이 아닌 사람은 사라지고, 사랑인 사람은 영원할 것이다. 사랑이신 하나님이 영원한 것처럼 말이다. 그래서 '사람'은 사라져도 '사랑'은 남는다. '세상'은 사라져도 '사랑'은 남는다. 데이비드 베너(David G. Benner)는 그의 책 《사랑에 항복하다》(IVP 역간)에서 다음과 같이 말한다.

"기독교의 회심은 그저 사랑을 만나는 것이 아니다. 사랑에 대한 새로운 개념이나 가치를 개발시켜 나가는 것도 아니다. 그리고 사랑받는 존재가 되도록 노력하는 것도 아니다. 기독교의 회심은 사랑이 되는 것이다."

물론 의문이 남는다. '사랑'이라는 게 너무도 모호하기에 그렇다. 물론 사전적 의미로는 한 문장에 담아 정의할 수 있다. 하지만 실제의 '사랑'은 마치 '하나님'이라는 표현의 어감만큼, 도무지 이해하기 어렵다. 그런데 이처럼 이해하기조차 어려운 것을 행한다는 것은 어불성설이다. 하지만 내가 그러하듯 당신 역시 그리스도인이라면, '사랑'은 이미 어떤 경로로든 우리 안에 내면화되어 버렸다. 잊기에는 너무 많이 들었고, 부정하기는 더더욱 어렵다. 그래서인지 우리의 현실은 역설적이다. 사랑을 너무 잘 알지만, 사랑을 전혀 모른다. 사랑이 너무 친숙하지만, 이보다 더 먼 것도 없어 보인다. 모르는데 해야 하는 것만큼 난감한 건 없다. 그래서 부담이고, 그래서 많이 힘들다. 이처럼 사랑하느라 힘든 당신에게, 그간의 내 이야기들을 슬며시 전해 본다.

'사람'은 사라져도
'사랑'은 남는다.

'세상'은 사라져도
'사랑'은 남는다.

—

나는 너를 버리지 않는다

얼마 전 종영된 〈골목식당〉이라는 프로그램이 있다. 요식업계 대부인 백종원 씨가 컨설턴트가 되어 죽어 가는 골목 상권의 식당들을 거듭나게 하는 과정을 보여 주는 프로그램이었고, 꽤 많은 인기를 얻었었다. 하지만 인기가 많다고 해서 나까지 꼭 봐야 하는 것은 아니기에 잘 보지 않았다. 다만 2021년 초, 우리 집 뒷골목을 배경으로 하는 회차들이 방영되었고, 항상 보던 배경들이 방송에 나왔기에 나 역시 자연스레 찾아보게 되었다.

여기에는 백종원 씨에게 솔루션을 받을 세 군데의 식당이 등장했는데, 그중 한 사장님이 너무 독특했다. 아니나 다를까, 그 독특함 때문에 자연스레 매스컴의 주목을 받았다. 그는 '덮밥집' 사장이었다. 그런데 안타깝게도 그는 식당가의 빌런(villain)이었다. 음식 장사를 잘 모르는 내 눈에도 뭔가 많이 엇나가 보였다. 매장은 더러웠고, 음식 준비는 무작위로 진행되었으며, 고객 응대조차 제대로 되지 않았다. 운영의 문제만이 아니라, 사장님 자체가 독보적이었다. 눈에 힘이 하나도 없고, 말도 어눌하며, 계속 덜렁대기만 했다. 그분께는 미안하지만, 시청하는 내내 '저 사람은 어차피 안 되겠는데?' 하는 생각이 들었다. 그런데 나만 그렇게 본 건 아닌가 보다. 백종원 씨 역시 불같이 화를 냈다. 요식업을 사랑하는 그의 입장에서 그는 마치 이 신성한 업을 망가뜨리려 달려드는 빌런처럼 보였을 게다. 그래도 포기하지 않고, 애들 가르치듯 하나부터 열까지 세세하게 지도하며 전부를 뜯어 고쳤다. 그나마 다행인 건, 사장님이 반박하지 않고 끝없이 반성하며 솔루션을 곧이곧대로 모두 따라 했다는 점이다. 그런데도 시청자의 입장에서 볼 때 '저게 얼마나 갈까?'라며 드는 의구심을 지울 수는 없었다.

드디어 마지막 회다. 솔루션을 통한 변화가 마무리되고, 실제 장사를 개시하는 날이다. 방송국은 역시나 세 매장 중

성공 여부가 가장 미지수였던 이 가게를 가장 마지막에 등장시켰다. 다행히 앞선 두 가게와 같이, 여기에도 손님이 많이 왔다. 어리바리한 사장님은 캐릭터 그대로 긴장한 게 역력했음에도 처음부터 끝까지 진심을 다해 무사히 장사를 진행했다. 어느새 방송이 종료될 시간이다. 그런데 종료 직전, 영업을 마친 사장님이 누군가에게 전화하는 장면이 등장한다. 어머니였다. 그런데 아들의 전화를 받자마자, 어머니는 울기 시작한다. 그러자 아들도 울먹이며 말한다. "왜 또 울어. 인제 그만 울어요."

알고 보니 맥락이 있었다. 몇 주에 걸쳐 방송이 나가면서, 이 사장님은 여기저기서 무수히 많은 비난을 받았다. 냉정하게 말해, 비난받아도 쌌다. 그러나 그의 어머니는 달랐다. 방송에 비친 아들의 모습, 이후 지속된 비난들 앞에 어머니는 하루도 빠짐없이 계속 우셨던 것이다. 아니, 방송과 무관하게, 그의 인생을 두고 그녀는 지금껏 계속 울어 왔을 것이다. 걸려 온 아들의 전화 앞에 오늘도 또 울었을 뿐.

두 사람의 울음이 화면 너머로까지 전염되었나 보다. 시청 후기를 보니 모두가 울음바다가 되었다고 한다. 나 역시 울었다. 다른 시청자들과 마찬가지로 그 사장님과 가게를 좋지 않은 눈으로 봐 왔었기에 그리고 저리 무능력하고 어설프게 보이는 이도 누군가의 자식이었다는 생각 때문에 말이다. 모두가 비난하는 자였지만, 동시에 그는 끝까지 그 손잡고 울어 주는 한 어머니의 자식이었다. 어머니의 울음 속에는 '세상 모두가 비난해도 너는 내 자식이다. 나는 너를 버리지 않는다!'라는 무언의 말이 담겨 있었다.

—

사랑은 무겁다. 그리고 가볍다

구약성경에는 하나님께서 지키라고 명하신 율법이 613개나 존재한다. 꽤 많지 않은가? 그런데 소위 율법 전문가라 불리는 이들은 이 율법들을 지킴으로 하나님 앞에 설 수 있는 의로움이 만들어진다고 여겼다. 그래서 이 계명들을 현실에서 제대로 지키기 위해 시키지도 않은 열심을 냈다. 즉 613개 각 계명마다의 세부 시행 수칙들까지 만들어 낸 것이다. 그리고 이것들을 다 지켜야만 율법을 준수하는 것이라 주장했다.

그러나 이런 어마어마한 것들을 생업을 겸하는 일반 민중들이 지키기는 불가능했다. 그래서인지 절대다수의 민중은 늘 죄책감에 시달리거나, 반대로 포기하고 방종으로 나아갔다. 예수님이 등장하실 당시의 '율법'을 둘러싼 딜레마의 현장이었다. 그래서 예수님은 이 모든 계명을 파격적으로 함축하셨다. "하나님을 사랑하고, 이웃을 사랑하라!" 결국 '사랑하라'라는 단 하나의 계명으로 말이다. 이후 우리에게 주어진 계명은 '사랑' 외에는 아무것도 없다.

통쾌하다. 단순하다. 그런데 이게 얼마나 모순적인 계명이었는지를 깨닫는 데 그리 오래 걸리지 않았다. 우선 이 '사랑'이 너무 어렵다. 도대체 어떻게, 어디까지, 언제까지 하는 게 사랑인지 모르겠다. 나아가 진짜 문제는 따로 있다. 사랑 자체가 너무 힘들다. 누군가를 사랑하려다가 얻게 된 무수한 마음의 상흔들이 그 증거다. 좀처럼 지워지지도 않는다. 그래서 차라리 '율법'을 지키는 게 더 쉽겠다는 데까지 생각이 이른다. 아무리 율법이 많다 하더라도 그것은 명료하며, 무엇보다 그건 내 과업이기에. 따라서 나 자신과의 투쟁이면 충분하다. 그러나 사랑은 아니다. 나 홀로 할 수 없다. 언제나 상대가 있다. 그리고 있어야만 한다. 하지만 심지어 제 자식 사랑하는 것조차 쉽지 않다. 정말이다. 사랑은 너무나 무겁다.

예수님은 분명 이렇게 말씀하셨다.

"수고하고 무거운 짐 진 자들아 다 내게로 오라 내가 너희를 쉬게 하리라"(마 11:28).

이 발언 앞에 많은 이가 위안을 얻는다. 나 역시 그랬다. 그러나 사랑의 무거움을 느껴 버린 후로 이 역시 속았다는 느낌을 지울 수 없었다. 마치 '가족과 같은 회사'라며 마음을 움직여 채용한 뒤에는 도무지 가족에게 할 수 없을 법한 대우로 사람의 피를 마르게 하는 악덕 사장들이 떠오른다. 그에게로 갔는데, 너무나 무거운 짐을 안기신다. 그러나 예수님은 우리에게 절대 그런 부당한 요구를 하실 분이 아님을 감안하며 호흡을 고를 필요가 있다. 그리고 예수님의 말씀은 여기서 그치지 않았다.

"나는 마음이 온유하고 겸손하니 나의 멍에를 메고 내게 배우라 그리하면 너희 마음이 쉼을 얻으리니 이는 내 멍에는 쉽고 내 짐은 가벼움이라"(마 11:29-30).

가볍다고 하지만 결국 짐인데, 또 다른 짐을 짊어지라는 것은 모순이 아닐까? 그러나 인생의 전제를 떠올려 보면 모순만은 아닌 듯하다. 인간에게 '계명'은 반드시 존재한다는 전제 말이다. 계명이란 게 별것 아니다. 꼭 외부에서 주어지는 게 아니라도 '선과 악', '좋음과 나쁨' 등의 기준이 있다면 이에 따른 행동 원칙들이 자연스레 생겨난다. 그것이 '계명'이다. 개인적 계명과 집단적 계명, 자발적 따름과 강제적 따름의 다름은 있을지언정, 분명한 건, '계명' 없는 인간 따위는 없다. 그렇게 인간은 늘 '짐'을 짊어질 수밖에 없다. 그래서 예수님은 당신에게로 오라고 하신다. 그리고 자신을 복되게 한다고 믿어 왔기에 스스로 짊어 왔던 모든 짐을 내려놓으라고 하신다. 그러고 나서 마땅히 져야 할 짐을 지라고 하신다. 마땅히 짊어져야 할 짐, 즉 마땅히 따라야 할 계명을 지키라는 의미다. 그게 '사랑'이다.

날씨가 추워지면 자연스레 우리의 짐은 늘어난다. '옷'이 그렇다. 많이 입을수록, 두꺼워질수록 점점 무거워진다. 그러나 누구도 이것들을 '짐'이라고 여기지 않는다. 그것들이 추위로부터 나를 지키는 것이기에 그렇다. 분명 무게감이 상당하지만, 외면하기보다는 도리어 더 입으려고 한다. 예수님이 가볍다고 말씀하신 '내 멍에, 내 짐'이라는 것이 이런 느낌이 아닐까? '사랑하라'는 계명은 그런 것이다. 언뜻 듣기에는, 언뜻 보기에는 무거운 '짐'으로 느껴지나, '사랑하라'는 계명은 악과 고통이 만연한 이 세상과 여전히 존재하는 나의 죄성으로부터 나를 지키는 힘이며, 수많은 거짓 계명을 강요하는 이 세상으로부터 승리를 가져다주는 힘이다. 그래서 짐이 아닌, 우리를 쉬게 하고 살리는 본질임이 분명하다. 그리고 나는 그것이 나를 살리는 것임을 믿기에 비록 아프지만 그리고 무겁지만, 그래도 사랑해 보련다.

—

우리에게 잘못한 사람을 용서해 준 것같이

칸영화제에서 전도연 씨가 여우주연상을 수상하면서 화제
가 되었던 2007년작 〈밀양〉이라는 영화가 있다. 영화는 주
인공 '신애'가 이혼 뒤 서울살이를 청산한 후 어린 아들을 데
리고 '밀양'이라는 소도시로 내려가는 것으로부터 시작한다.
그녀는 유일한 희망인 아들과 함께 새 출발을 꾀했다. 그러
던 어느 날, 아들이 유괴당하고 결국은 살해당하고 만다. 범
인은 잡혔다. 그러나 허망함에 신애의 정신이 나가 버린다.
먹먹한 가슴을 부여잡은 채 어찌할 줄 몰라 괴로워하던 그
녀는 우연히 교회 앞까지 발걸음이 다다른다. 그때 교회에
서 흘러나오는 집회 소리에 뭔가 홀린 듯이 참여한 그녀는

먹먹함이 해소되는 신비한 체험을 한다. 이후 그녀는 신앙에 몰입한다. 좋아졌다. 그렇게 괜찮아진 줄로만 알았다.

그러나 시간이 흘러 다시 헛헛함이 자신을 지배하기 시작하자, 어쩔 줄 모르던 신애는 결국 결단한다. 자신 안에 남은 미움, 즉 기독교 유일 언명인 사랑과 반대되는 마음 때문에 이렇게 된 것이라며 살인범을 용서하기로 결단한 것이다. 그렇게 감옥을 찾아가 마주한 살인범은 아주 평안한 얼굴을 하고 있었다. 멋쩍은 대화를 이어 가던 중, 마침 교회 이야기가 나왔다. 그러자 그는 밝은 얼굴로 자신도 감옥 안에서 하나님을 믿게 되었고, 하나님께서 자신을 용서해 주셨다고 말한다.

되돌아 나오던 신애. 그녀의 마음마저 돌아서 버린다. 자신은 이리 괴로운데, 평안한 그자의 모습이 참을 수 없었다. 무엇보다 그를 용서했다는 하나님을 참을 수 없었다. 그래서 그녀는 그간에 들인 애정만큼 분노로 뒤덮여, 기독교 신앙을 파괴하는 방향으로 나아간다. 심지어 자신마저 파괴하는 방향으로 나아간다. 다행인 건, 그녀를 좋아하던 '종찬'이라는 한 남자가 마치 영화의 제목인 '밀양'(密陽), 즉 숨겨진 햇볕처럼 여전히 그녀의 옆에서 그 모든 엇나감을 다 받고 보들어 준다. 결국 그녀는 마음을 되찾고, 다시 새 출발을 결단하는 장면으로 영화는 끝난다.

'용서'는 함부로 말해서는 안 되는 미묘한 주제다. 특히 용서를 실현해야 하는 자의 실존은 누구도 해석할 수 없기에 그렇다. 아마 그도 스스로의 마음을 모르기는 매한가지일 터이다. 그래서일까? 나 역시 '용서'에 관한 메시지를 전할 때마다 곤욕을 치르곤 했다. 성경이 말하기에 전달했을 뿐이고, 혹시 몰라 내적 검열을 반복하며 최대한 조심스레 전달해 봤지만 언제나 후유증을 겪었다. 누군가는 꼭 상처받았다. '용서'라는 단어를 떠올리는 순간, 씻을 수 없는 상처를 주었던 자와 그 사건이 생생하게 떠올라, 그 자체로 이미 괴로움을 겪는 것 같았다. 그래서 가끔은 '용서'를 말하는 본문이 등장할 때면 건너뛰고 싶다. 아니 도대체 '용서'를 왜 말씀하셨는가 싶기도 하다.

그러나 피해 갈 수 없다. 무엇보다 예수님은 그를 따르는 모두에게 이렇게 기도하라고 요청하셨기 때문이다.

"우리가 우리에게 죄지은 자를 사하여 준 것같이 우리 죄를 사하여 주시옵고"(마 6:12).

우리가 용서해야만 하나님께서 용서해 주신다는 거래적

의미의 수사는 아님이 분명하다. 그런데도 기도할 때마다 '용서'에 대해 떠올리고 요청할 것을 주문하셨다는 것 역시 분명하다. 정녕 우리 주님께는 인간미란 없는 것일까? 인간이 되셨다는 것은 그저 말뿐이고, 여전히 신의 고고함 위에서 우리를 내려다보며 조소하고 계신 것일까? 몸에 병든 자들은 그렇게 만지셨으면서, 과거의 상처에 짓눌려 울부짖는 마음에 병든 자들은 더럽다며 외면하시는 것일까? 오늘도 수많은 '신애'가 울부짖고 있다. 상처받은 과거에, '용서'라는 단어와 함께 떠오르는 트라우마에, 그런데도 끝까지 용서 못 하는 자신에게 실망하며 괴로워한다.

그러나 예수님은 당신의 기도문을 철회할 생각이 없어 보이신다. 그런데 가만 보니 '용서'를 구하기에 앞서 '일용할 양식을 주시옵고'라고 기도하라 하셨던 게 눈에 띈다. 그렇다면 혹시 '용서'도 그런 의미가 아닐까? 인간이란 존재가 생명에너지를 유지하기 위해서는 '양식'이 필요하듯이, '용서' 역시 인간답게 살기 위해 요청하라 하신 것이 아닐까 싶다. 그렇다면 사랑이라는 종교적 언명을 달성하기 위해 용서를 말씀하신 것은 아닐 게다. 죄지은 악인을 위해 착한 네가 좀더 희생하라는 폭력적 의미 역시 더더욱 아닐 게다. 증오가 스스로를 해하기에, 그래서 자기 자신마저 사랑할 수 없는 상태가 되어 버리기에 그것을 막아 주십사 요청하라는 말씀이 분명하다. 더 이상 '과거'가 아니라 오늘, 지금, 여기를 살게 하시기 위해서 말이다. 그렇다면 주님이 말씀하신 용서는 '그를' 사랑하라는 게 아니라, '너 자신을' 사랑하라는 의미다. 그를 사랑할 필요는 없다. 그러나 나를 사랑하기 위해서라도, 그를 놓아 보내야 한다.

인간이란 존재가
생명 에너지를
유지하기 위해서는
'양식'이 필요하듯이

♥

'용서' 역시
인간답게 살기 위해
요청하라 하신 것이
아닐까.

—

알았더라면 가지 않았을 길

남자 나이 40에 진입하면 누가 시키지 않아도 건강에 신경
쓰게 된다. 좋은 것을 챙겨 먹기 시작하고, 무엇보다 평소
에는 전혀 취미 없던 운동에 기웃거리기 시작한다. 좋아서
가 아니다. 이러다 죽겠다는 깨달음이 40세 전후로 찾아오
기 때문이다. 부디 헬스장에서 거친 호흡 내뱉으며 죽상을
하고 낑낑대는 아저씨들을 불쌍하게 여기시라. 살기 위해
서 발버둥치는 중이다. 나 역시 지금까지와는 달리 여러 운
동을 찾아서 하고 있다. 개중에 아내와 함께할 수 있는 운동
이 없나 고민하다가 선택한 게 '등산'이었다. 그러고 보면 나
도 참 많이 바뀌었다. 어차피 내려올 것을 굳이 낑낑대며 산

에 오르는 인생들이 약간 한심해 보였던 게 엊그제 같은데, 스스로 산을 찾고 있다니 말이다. '호불호'라는 것은 조금 더 살아 보고 규정해도 늦지 않은 것 같다.

서울 근교의 낮은 산들부터 다니기 시작했다. 그러던 어느 날, 큰맘 먹고 '관악산'을 선택했다. 등산 초보인 우리에게는 나름의 도전이었다. 그리고 초보라는 정체성을 잃지 않으려는 다짐을 물씬 반영한 듯, 수많은 코스 중에서 가장 쉬운 코스를 선택했다. 우선 '서울대입구역' 인근에 주차한 뒤, 버스를 타고 서울대 캠퍼스 안까지 들어갔다. 그리고 가장 높은 지대에 위치한 정류장에 내리면 거기가 관악산 중턱이다. 물론 '악'이라는 글자가 붙은 만큼 끝없는 계단이긴 했어도, 거기서 출발하니 정상까지 고작 1시간 조금 더 걸려 도착할 수 있었다. 힘들었지만, 생각보다 꽤 괜찮았다.

그런데 그만 정상에서 하지 말아야 할 생각을 해 버렸다. '다른 길로 내려가 볼까?' 나름의 이유가 있었다. 주워듣기로는 하산할 때 무리가 많이 가기 때문에, 하산 시에는 완만한 코스로 가는 것이 좋다는 정보가 기억나서였다. 반면 올라온 길은 끝없는 계단이었다. 그래서 검색해 보니 정반대인 사당역 쪽으로 내려가면 시간이 두 배 걸린다고 한다. 뇌가

순수한 나는 '하산 시간이 두 배'라는 숫자를 '경사가 두 배로 완만하다'라고 해석해 버렸다. 게다가 마침 그 방향에서 오신 분이 있기에 여쭤보니 갈 만하다고 증언하신다. 그래서 이상한 계산과 증언자의 증언에 힘입어 정상에서 방향을 바꾸어 버렸고, 내친김에 주차한 서울대입구역까지 걸어가기로 했다.

그렇게 출발했다. 그리고 정말 오랜만에 느꼈다. 재입대한 것 같은 느낌을 말이다. 완벽한 오산이었다. 완만해서 시간이 두 배가 걸리는 게 아니라, 봉우리 같은 것을 몇 번 더 오르내려야 했기에 두 배였다. 심지어 올라왔던 길과 달리, 그 길은 제대로 정비되어 있지 않아 매우 미끄러웠다. 무엇보다 가장 힘들었던 건, 도무지 언제 도착할지 전혀 모르겠다는 점이었다. 초행길이라 더 그렇게 느꼈겠지만, 둔덕들에 가려져 도무지 목적지가 보이질 않았던 게 더 컸다. 저 둔덕 너머에는 끝이 보일 거라는 기대를 품고 넘으면 또 다른 둔덕이 기다리고 있었다. 이를 반복하니 진이 빠졌다. 결과적으로 하산하는 데만 3시간이 넘게 걸렸다.

너무 힘들어서 둘 다 침묵으로 걷던 어느 지점쯤, 아내가 갑자기 이렇게 얘기한다. "하나님도 우리를 그렇게 보시겠지? 저기까지만 참아 주면 이제 다 끝날 줄 알았는데 또다시 배신하고. 얼마나 힘드실까?" 이 얘기를 들으니 뭉클해지며 속으로 이런 생각이 들었다. '별로 안 힘들구나! 평소에는 안 하던 이런 묵상까지 할 정도라니!' 그런데 사실 나 역시도 그 고난의 지점쯤에서 이런 생각에 잠겨 있었다. '우리가 이 토록 힘든 길을 갈 수 있었던 건 이럴 줄 몰랐기 때문이 아 닐까? 이렇게 힘들 줄 알았더라면 절대 이 길로 가지 않았겠 지….'

삶이 그런 것 같다. 모르기에 가는 길도 있다. 인간이 합 리적이라고 하지만, 합리성으로는 결코 실존적 무게를 가늠 할 수 없다. 자신에게 어느 정도의 실존적 무게를 가져다줄 지 모르기에 그 길을 나서기도 하는 게 인간의 삶이다. '사 랑'도 그러하다. 어릴 때는 낯선 사람들과도 잘 어울리고, 금 세 사랑에 빠지기도 한다. 그러나 사회생활에 짓이겨진 이 후부터는 많이 달라진다. 특별히 새로운 관계를 만들지 않 으려고 하는 점이 두드러진다. 에너지를 다 소진해 버렸기 때문이기도 하나, 결국 자신을 가장 힘들게 하는 게 '사람' 임을 알아 버렸기에 그렇다. 심지어 사랑으로 인한 '갈등'과 '이별'의 무게까지도 느껴 버렸기에 그렇다. '사랑'이 꼭 좋

———

은 것만은 아니라는 것을 알아 버린 것이다. 너무 잘 알기에 사랑하려 하지 않는다.

그래서일까? 사회라는 터널을 침묵으로 걷다 보니 어느새 하나님의 사랑의 밀도가 예전보다 더 크게 느껴진다. 그분은 분명 우리의 죄성을 확실히 아심에도 불구하고, 또한 넘어질 것 역시 분명히 다 아심에도 불구하고, 심지어 우리가 종종 하나님이 불의하다며 소리 지를 것을 다 아심에도 불구하고 사랑하기로 결단한 후 그 악의 대가를 대신 치르셨다. 지금도 우리를 견뎌 주고 계신다는 것이 느껴진다. 도대체 왜 그렇게까지 하실까? 그분의 사랑은 늘 의아하다.

그런데 '사랑'을 너무 잘 알기에 사랑하지 못한다는 건 궤변 같다. 사랑 그 자체이시기에 누구보다 사랑을 잘 아는 그분이 그럼에도 사랑하셨다는 게 그 증거다. 또한 '사람'을 잘 알기에 사랑하지 못한다는 것 역시 궤변 같다. 한마디면 된다. '그러는 나는 나 자신을 잘 아는가?' 앞서도 자신의 호불호를 너무 빨리 결정하는 것은 어리석은 짓이라고 했던 것처럼, 나는 나를 온전히 알 수 없다. 이처럼 나도 나를 잘 모르는데, 타인을 안다고, 인간이란 존재를 잘 안다고 말할 수 있는 자는 없다. 때문에 사랑은 상대를 잘 모르기에 할 수 있는 것이라 말하는 게 지혜로워 보인다. 잘 모르기에 갈 수 있는 길이 사랑이다.

쇠렌 키르케고르(Søren Kierkegaard)는 말한다. "삶은 앞을 보며 나아가지만, 뒤를 돌아볼 때 그것을 이해하게 된다." 모르고 갔고, 알 것 같아도 끝내 모른다고 여기며 걸어간 길. 그 길 끝에서 모든 것을 알고 계신 주님과 조우할 때, 비로소 뒤를 돌아보며 그분의 설명을 듣고 나서야 이해하게 될 것이다. 넘어지려던 자리에서 나도 모르게 나를 사랑해 주었던 수많은 이의 손길 그리고 붙잡아 주셨던 하나님의 손길들을 보면서 말이다.

하나님의 우정

오랜만에 동기들과 만나 집에 늦게 돌아왔던 어느 날, 당시
아홉 살이었던 딸 제윤이가 물었다. "아빠! 친구들이랑 사이
좋게 놀고 왔어?" 어렸을 때 이후로 들어 본 적 없는 그 질문
이 워낙 낯설기도 하고 반갑기도 해서 웃으며 대답했다. "사
이좋게 지내고 왔지! 그런데 제윤아! 아빠 정도 나이가 되면
이제 그런 질문은 의미가 없어. 우리는 너희들처럼 다투거
나 하지는 않아. 다음부터는 차라리 이렇게 물어봐 주는 게
나을 것 같아. '친구들을 진심으로 만나고 왔어? 그래서 즐
거웠어?'라고 말이야." 그렇게 뭔가 꼰대스런 이야기를 던지
고 나니 생각의 타래가 펼쳐졌다. 어른들이 애들처럼 잘 다

투지 않는 것이 나이 들어 성숙해서만은 아니라는 생각 말이다. 어쩌면 다툼이 일어날 만한 관계들을 애초에 회피하다 보니, 혹은 애초부터 더 깊은 관계로 나아갈 마음이 없다 보니 다툴 일도 함께 사라져 버린 것은 아닐까? 아이들은 연결되려다 보니 다툼이 일어나지만, 어른들은 단절되려다 보니 다툼이 사라진다고 보는 게 더 적합해 보인다. 그렇게 아이들은 다투면서 친해지지만, 어른들은 친한 척하면서 다투지 않는다. 과연 어떤 이들이 더 성숙한 것일까?

사랑은 성장한다. 사랑의 밀도만이 아니라, 사랑의 대상이 확장된다는 의미에서도 그렇다. 처음에는 가족, 혹은 이성 정도에 그치던 범위가 점차 넓어져 내 눈에 보이는 모든 이들을 형제자매로 여기게 된다. 그래서 심지어는 그 범위가 눈에 보이지 않는 지구 반대편의 어떤 이에게까지도 이르게 된다. 사랑은 소유 여부에 의해 능력치가 결정되는 아이템과 같은 게 아니라, 사람을 바라보는 시각 자체이기 때문이다. 마치 심장 박동이나 호르몬 분비처럼 내 의지와 상관없이 흘러가는 자율 신경계와 같다. 사람들이 그렇게 보이기 시작하면 자연스레 관심이 간다. 이를 막을 방법은 어디에도 없다.

———

'사랑의 대상이 넓어진다'는 말을 대표할 만한 우리에게 익숙한 표현이 있다. '우정'이다. 분명 그러하다. 가족, 혹은 이성을 향한 사랑은 본능의 영역에 가깝지만, '우정'은 그렇지 않다. 본능에 의해 움직이는 동물에게도 부모의 돌봄이나 이성 간의 연대는 드러나지만, 몇몇 특이 케이스를 제외하고는 자연 상태의 동물에게서 좀처럼 우정을 찾아볼 수 없다는 사실에서 그러하다. 군집 생활은 본능이지 우정이 아니다. 우정은 오직 인간만이 누릴 수 있는 사랑이다. 그런 면에서 '우정'이 아니라 경쟁으로 내몰아 점차 '생존'에만 집착하게 하는 우리 사회는 성숙해 가는 게 아니라 동물의 왕국으로 퇴화하고 있는 듯하다.

물론 이 각박한 세상에서 우정이 필요하다고 외치는 것은 마치 시베리아에서 에어컨을 사라는 소리처럼 들린다. 그러나 우정이라는 이름의 사랑은 충분조건이 아닌 필요조건이다. 우리가 흔히 떠올리는 사랑들을 보완하는 사랑이기에 그렇다. 가족이나 연인 간의 사랑이 어려운 것은 반드시 엄청난 '책임'이 발생하기 때문이다. 그래서 때로는 사랑하기에 가면을 쓸 수밖에 없고, 혹은 사랑하기에 입을 닫는 상황이 발생하는 게 현실이다. 하지만 우정은 다르다. 그리고 우정이 이와 같은 친숙한 사랑의 빈 곳들을 보완한다. 우정 안에서의 대화를 통해 가족이나 연인 간의 사랑을 추구할 방법을 찾기도 한다. 또한 가족이나 연인 간의 사랑에는 '기대'의 문제가 걸리는 것도 사실이다. 너무 큰 기대를 투영하기에 뒤틀려진 상으로 바라보거나 쉬이 실망한다. 그러나 우정은 그렇지 않다. 그러다 보니 그 어떤 사랑보다 나 자신의 현재를 제대로 볼 수 있게 만들어 준다. 그래서 C. S. 루이스는 이렇게 말한다. "우리는 남편이거나 아내이며 형제이거나 자매이며 우두머리이거나 동료이거나 부하입니다. 그러나 친구 사이에서는 그렇지 않습니다. 우정은 그런 것으로부터 해방된, 모두 다 벗어 던진 영혼 사이의 일입니다. 에로스에서는 벌거벗은 몸이 만나지만, 우정에서는 벌거벗은 인격이 만납니다."

발칙한 생각을 해 본다. 우정의 시초는 하나님이시고, 그 첫 대상이자 유일한 대상이 바로 인간이라는 것을 말이다. 삼위일체의 내적 사랑에 그치지 않고, 사랑을 넓혀 가고자 하는 마음에 만드신 우정의 대상이 바로 우리 인간이 아니던가? 그렇다면 우리 역시 자연스레 '우정'을 꾀할 수밖에 없다. 물론 세상은 '우정'이 아니라 '우열'을 만들어 내려 한다.

그런데 이런 구도 속에 세상을 역행하여 '우정'을 추구한다
면, 그 자체로 그가 참된 인간이요, 사랑이 되어 가고 있다
는 증거다. 우정이야말로 우리를 다시 하나님과 우정의 관
계를 누릴 수 있는 신적 존재의 수준으로 끌어올리는 독특
하고도 차별성 있는 고귀한 사랑이다. 사람들은 우정을 지
속하지 않아도 되는 것으로 여기지만, 그리스도인들은 우
정을 지속하는 것 그리고 확장하는 것으로 여김이 당연하
다. 그리고 그러한 우정으로 가득한 나라가 하나님 나라임
이 틀림없다.

　당신의 자아를 꺼내 놓을 수 있는, 그래서 당신의 자아를
들여다볼 수 있는 친구가 있는가? 준비된 상태로만, 가면을
쓴 상태로만, 각색해야만 얘기할 수 있는 대상이 아닌, 영혼
의 조우가 일어날 수 있는 친구 말이다. 그런 이들과 마음을
나누다 보면 서로 세워지고, 서로 마음의 정화가 일어나며,
진정한 자아를 찾아가게 된다. 정글과 같은 현실을 사람으
로서 살아갈 힘은 그처럼 서로를 인격체로 대해 주는 이가
있을 때 얻게 된다. 그리고 이는 그냥은 일어나지 않는다.

—

내면의 속삭임

집 앞 카페에 앉아 커피 향을 벗 삼아 글을 쓰고 있던 어느 월요일 오전, 옆 좌석에 앉은 두 여성분의 대화가 들려온다. 귓가에 차곡차곡 얹히는 소리로 미루어 짐작건대, 그녀들은 카페 옆 건물에 위치한 유명 영어 유치원에 아이들을 보낸 엄마들인 듯했다. 하지만 거기까지다. 내 관심사도 아니지만, 무엇보다 한 주의 유일한 휴일 아침나절부터 원고를 쓰는 이유를 망각해서는 안 됐기에, 이내 청각을 차단하고 글 쓰는 데 집중했다.

그렇게 시간이 조금 흘렀으려나? 잠깐 기지개를 켜다 보니 대화가 다시 들려온다. 마침 한 엄마가 이렇게 말한다.

"우리 애가 힘들어하는 것 같아서 좀 안쓰러워요. 나 일곱 살 때는 이런 것 안 했던 것 같은데. 사실 무얼 했는지 기억도 안 나는데. 굳이 이렇게까지 하는 게 맞나 싶기도 해요." 그러자 맞은편 엄마가 단호히 말한다. "아니야. 이렇게 해야 나중에 고생하지 않을 거야!"

그렇게 나는 동네 카페에서 예언자를 만났다. 무엇에 근거해 그렇게 예언하는지 궁금했다. 적어도 그녀의 확신은, 하나님을 향한 나의 확신이 부끄러울 정도로 너무 확고해 보였다. 그러나 내 주변에 그런 이들이 없기에 보지 못한 건지는 몰라도, 나는 그렇게 해서 성공한 경우를 아직 보지 못했다. 그래서 그 예언에 그리 동의하지 않는다. 영어 교육이 불필요하다는 것은 아니나, 더 중요한 것은 모국어 활용 능력, 즉 문해력 계발로 보인다. 도리어 내가 보았던 증거들은 하나의 주된 문화권 안에서 모국어 활용이 충분히 다져지지 않은 이들의 문해력에 문제가 있었기에 그렇다. 또한 '일곱 살의 발달 단계에서는 학습의 괴로움보다 학습의 재미를 느끼는 게 더 맞지 않나? 아니, 그냥 노는 게 맞지 않나?'라는 생각에 말이다. 물론 난 목회자이지 교육자가 아니기에, 또한 내 이야기는 대학 입시와는 관련이 없기에 할 말은 없다.

무엇보다 이미 다른 세계관을 기반으로 예언하는 이와는 대화가 통할 리 없기에 입을 닫는다. 다만 너무 어려 아직 자기 의사 표현이 정확하지 못한 아이를 '사랑'이라는 명목으로 '조종'하고 싶지 않다는 마음만큼은 사실이다.

그런데 정작 내 관심은 그 예언자가 아니라, 안쓰러움을 표현했다가 차단당한 엄마다. 우리 주변에서 자주 만날 법한 사람이다. 이들의 내면에서 우러나온 소리는 분명 옳은 경우가 많으나, 세상의 지배적 소리와 이를 주도하는 예언자들의 소리에 차단당하기 일쑤다. 때문에 그녀를 보며 이런 생각이 들었다. 확실치도 않은 '미래'를 무기로, 내면에서 일어나는 현재의 인간다움의 이야기를 너무 쉽게 차단하고 무시하는 것은 아닐까? 때로는 내면에서 우러나온 직관이 진실일 수 있는데 말이다. 그 신비한 직관은 종종 영혼에 경종을 울리며 사람다움이 뭔지, 사랑다움이 뭔지를 돌아보게 만든다. 그렇게 우리의 내면은 다양한 방법으로 종종 '사랑'을 떠올리게 한다. 우리는 거짓 예언자들의 소리가 아닌, 내면의 울림에서 비롯된 그 진실의 소리에 귀를 기울일 필요가 있다. 참다 참다 못해 내 영혼이 스스로에게 내뱉는 속삭임에.

《탈무드》에는 얼굴의 '인중'과 관련한 재미있는 이야기가 나온다. 하나님께서는 엄마 태중의 아기에게 천사를 보내어 세상에서 살기 위해 필요한 모든 지혜를 가르치게 하셨다. 그런데 아기가 태어나기 직전이 되면, 천사는 자신이 가르쳤던 모든 것을 잊게 하려고 '쉿' 하며 손가락을 아기의 윗입술과 코 사이에 얹는다. 그래서 그 '쉿' 자국이 남아 사람의 인중이 생겨났다는 이야기다. 분명 이 이야기는 배움의 의미를 설명하고 싶은 게다. 진정한 배움은 지식의 덧셈으로 이루어지는 것이 아니라, 이미 알고 있는 지혜를 스스로 다시 깨우쳐 가는 것이라는 사실을 전달하는 듯하다. 그렇게 우리는 이미 알고 있다. 그런데 좀처럼 귀 기울이지 않는다면, 우리의 영혼은 참다못해 속삭인다. 우리는 사랑을 배우기 이전에, 이미 사랑을 알고 있다.

✳

우리의 내면은
다양한 방법으로
종종 '사랑'을
떠올리게 한다.

우리는
거짓 예언자들의
소리가 아닌,
내면의 울림에서 비롯된
그 진실의 소리에
귀를 기울일 필요가 있다.
참다 참다 못해
내 영혼이 스스로에게
내뱉는 속삭임에.

—

이름을 부르다

숨겨진 비밀이 드러나며 놀림을 받은 일이 있었다. 온라인
사역을 위해 성도 몇 명과 클라우드 서비스를 공유할 일이
있었는데, 가입을 위해 나의 네○○ 아이디를 등록했더니
예상치 못하게 기존 아이디와 연계된 내 '별칭'이 자연스럽
게 공개된 것이다. 가릴 새도 없이 드러난 내 별칭은 '불꽃남
자'. 다들 웃음보가 터졌다. 결코 복음은 전하지 않던 이 인
간들이 주변 사람들에게 찾아가 이 기쁨의 소식을 전하는
장면을 보았다.

어디서 비롯된 별칭인지 똑똑히 기억난다. 중학생 시절
이었다. 뭇 남성들 가슴에 불을 질렀던 만화 〈슬램덩크〉에

등장했던 '정대만'이라는 이름의 캐릭터에게 붙었던 별칭이 '불꽃남자'다. 좋아하던 농구를 포기하고 불량 학생이 되었다가 우여곡절 끝에 다시 코트로 돌아왔던 남자. 그는 공백기의 아픔을 멋지게 극복해 내며 결국 포기를 모르는 남자라는 뜻의 '불꽃남자 정대만'이라 불렸다. 그 장면에서 내 가슴도 뛰었었다. 그래서 아이디를 개설할 때 요청되는 별칭에 이 표현을 적어 넣었던 기억이 있다. 하지만 그 별칭이 그토록 강렬히 다가왔던 것은 단지 '정대만'이라는 캐릭터의 서사 때문만은 아니다. 아마도 내 마음속에는 늘 불꽃이 일어나는데, 아버지의 그늘에 가려 도무지 그리 살지 못했던 내 과거에 대한 아쉬움과 맞물려서 그랬던 것은 아닐까 하는 생각이 든다.

어느새 '별칭'을 쓴다는 것은 특이한 일이 아니라 일상이 되었다. 심지어 온라인뿐만 아니라 현실의 문화가 되었다. 방송가 및 온라인에서는 '부캐'(부가 캐릭터)가 유행한 지 오래고, 나아가 '본캐'(본래 캐릭터)라 불리는 '실명'이 점점 사라지고 있음을 쉽게 목격할 수 있다. 이렇게 된 이유는 분명히 있다. '이름'의 무게에 눌려 왔던 심리적 제약들로부터 해방되어 보다 더 자유로운 도전이 가능해졌기 때문이다. 또한 특유의 위계적 문화에서 벗어나 수평적 관계를 보장한다는 점에서도 의미 있다. 경직된 사내 문화를 바꾸기 위해 일부러 별칭으로 호칭하기도 한다.

그러나 재미있는 사실이 있다. 그런 별칭의 문화 가운데서도 누군가와 좀 더 개인적 관계를 맺게 되었을 때 가장 먼저 물어보는 건 다름 아닌 '이름'이라는 점이다. 자기 존재를 드러내고 상대방에게 인식시키는 첫 관문이 바로 '이름'이기에 그렇다. 그래서 '이름'이 사라진다는 것은 정체성의 다양함을 뜻하는 게 아니라, 정체성의 상실을 의미하는 것일 수도 있다. 굳이 붙이지 않더라도, 우리네 이름 앞에는 이미 달라붙어 있는 수식어가 참 많다. 역할, 호칭, 혹은 평가 등. 그런데 이제는 스스로 수식어를 정한 뒤, 그 수식어가 자기 정체성이 되기만을 기원하는 것 같다.

수많은 저술을 통해 많은 이에게 울림을 주었던 '헨리 나우웬'(Henri Nouwen). 그는 예일대학과 하버드대학의 교수였다. 그러나 대단한 성취들에도 불구하고 뭐라 표현할 수 없는 삶의 회의를 느끼고 있는 게 현실이었다. 그러던 어느 날, 초대를 받아 지적장애인들로 구성된 '라르쉬 공동체'에 머물게 되었는데, 그곳에서 그는 엄청난 전환을 맞게 된다.

사람들이 헨리에게 물었다. "당신은 누구입니까?" 이에 그는 자신이 하버드대학 교수인 헨리 나우웬이라고 답했다. 그러자 그들은 반문한다. "하버드가 뭔데요?" 헨리는 지성인들이 공부하기 위해 가는 대학교라고 답했다. 그랬더니 또 묻는다. "그런데 공부는 왜 하는 거예요?" 헨리는 거기서 깨달았다. 자신을 소개하려 동원했던 모든 수식어가 이들에게는 아무 의미가 없음을 말이다. 그리고 그날 밤 일기에 이렇게 적었다. "이들은 신이 인간을 대하는 방식과 가장 유사하게 나를 대하고 있다. 내 마음의 힘든 방향이 여기서 마쳐질지도 모르겠다."

타인이 지었든 스스로 지었든, 수식어는 그저 수식어일 뿐이다. 그것은 결코 내가 아니다. 그래서인지 헨리가 라르쉬에서 만났던 그들처럼, 예수님도 누군가를 만날 때 언제나 그의 이름을 부르신다. 나는 예수님이 처음 만난 사람들의 이름을 부르신 게 그저 신적 능력의 발현을 뜻한다고만 생각해 왔다. 아니었나 보다. 그것은 신적 능력의 발현이 아니라, 수많은 수식어 사이에 가려진 그의 존재를 마주하시고자 하는 사랑과 환대의 행위였다.

누군가에게 내 이름을 알리는 것은 내가 당신과 연결되고 싶다는 요청이다. 또한 상대에게 붙은 수많은 수식어를 걷어내고 그 이름을 불러 주는 것은 그 자체로 상대를 향한 환대와 사랑의 첫걸음이다. 수식어에 파묻힌 이름들을 가끔이라도 한 번씩 불러 주는 것은 어떨까? 이름을 부르는 것 자체가 살아 있고 사랑받는 인간임을 깨닫게 해 주는 영혼의 환기구가 되리라 믿는다.

―

사랑할 수 없는 것들

2013년에 방영된 〈오로라 공주〉라는 드라마에는 두고두고
논란이 되었던 희대의 장면이 등장한다. 극중 말기 암을 앓
던 남자 주인공에게 여자 주인공이 찾아와 제발 끝까지 치
료받자고 설득한다. 그런데 그는 치료를 거부하며 이렇게
말한다. "암세포들도 어쨌든 생명이에요. 내가 죽이려고 하
면 암세포들도 느낄 것 같아요. 이유가 있어서 생겼을 텐
데…. 원인이 있겠죠. 이 세상, 잘난 사람만 살아가야 하는
거 아니듯이 같이 지내보려고요." 무엇이 잘못인지 굳이 설
명할 필요가 있을까? 어린아이일지라도 뭔가 잘못되었음을
알아챌 수 있다.

———

 나에게 악을 배설한 인간은 사랑의 대상인가, 아닌가? 예수님이 남기신 사랑의 계명이 워낙 거대하기에 그 앞에서 우리는 혼란스럽다. 하지만 우리가 단언할 수 있는 것은, 하나님께 있어 '악'은 사랑의 대상이 결코 아니라는 사실이다. 그분은 사랑인 동시에 정의이시다. 따라서 악인의 경우 종국에는 사랑의 대상일 수 있으나, 현재는 아님이 분명하다. 하나님의 적대자 '악' 그리고 그 악에 지배당한 '악인'은 사랑의 대상이 아니다. 악의 숙주가 되어 이미 하나님 형상의 조각들이 사라져 버린 존재, 혹은 인간성이 박탈되어 버린 이들일 뿐이다. 그러한 하나님의 대적자를 우리는 사랑할 수 없다.

 그러나 악인이 그 자체로 불가역적 악의 존재인 '악마'는 아니다. 즉 현재는 그러할지라도, 나중 일은 모른다. 우리는 하나님이 아니다. '상속장'이라 일컫고 자신의 아버지에게 '부고장'을 들이밀었던 천하의 패륜아, 둘째 아들도 결국 다시 아비의 품으로 돌아오지 않았던가? 우리는 그를 돌아온 탕자라 부른다. 그가 그러했듯이 악인이 돌아와 용서를 구한다면, 더 이상의 말은 필요 없다. 안아 줘야 한다. 그러나 끝내 돌아오지 않는다면, 즉 자신이 저지른 악을 인지하지 못하거나 인정하지 않는다면, 거기에는 정의가 필요하다. 한동안 오해했다. 무언가를 품는 듯한 '사랑'이라는 말과 배제하는 듯한 '정의'라는 말이 서로 모순의 관계로만 보였다. 그러나 사실 사랑과 정의는 서로가 함께 존재하는 동전의 앞뒷면 같은 것이다. 사랑을 토대로 한 정의만이 참된 정의이고, 정의가 구현될 때만 사랑의 진정성이 보장된다.

그런데도 자신이 그리스도인이라며 사랑을 당위로만 여겨 안 되는 것을 억지로 하려다가는 큰 부작용이 생긴다. 어쭙잖은 관용은 오히려 악인들이 그렇게 살아도 된다는 그릇된 메시지만 얻게 하여 그들이 회개할 기회를 빼앗는다. 그렇게 악인은 돌아올 기회를 잃는다. 또한 자기 자신을 망가뜨리기도 한다. 그 인간 때문에 상처받았던 자신의 과거가 아직 치유되지 못했는데, 억지로 사랑하려다 보면 결국 그런 자신이 비참해지고, 불쌍해지며, 자기 비하로 추락해 버리고 만다. '다름' 때문에 생긴 경계선은 지우되, '틀림'에 대해서는 경계를 명확하게 해야 한다. 그러할 때 비로소 사랑이 핀다.

—

무엇이라고 부르는가

'교회'라는 곳, 보다 정확히 말해 '예배당'이라는 곳에서 처음 만난 사람을 뭐라고 부를 것인가? 누가 봐도 나보다 나이가 어려 보이는 젊은 성도라면 'ㅇㅇ 씨'라고 부르면 된다. 또한 교회를 다니지 않았던 사람인 게 확실하다면 나이 상관없이 'ㅇㅇ 님'이라고 부르면 된다. 그러나 교회를 다녔던 사람인데 나이가 애매해 보일 때, 특히 연배가 좀 있어 보일 때는 곤란해진다. 물론 이런 난감함으로부터 우리를 구해 줄 마법의 단어가 있다. '집사님'이다. 일견 40세 이상으로 추정되는 분들에게는 어지간하면 통하는 호칭이다. 그러나 아직 문제가 남았다. 50대 후반 이상의 여성분들에게는 '권사',

남성분들에게는 '장로'라는 직분이 남아 있다(교단에 따라 다르다).
이게 뭐 그리 중요한가 싶지만, 호칭의 중요성을 잘 모르는
이는 아직 사회생활의 쓴맛을 잘 모르는 게다. 잘못된 호칭
은 첫인상을 망가뜨리기에 주의 깊게 다가갈 필요가 있다.
물론 나는 나만의 노하우가 있다. 애매한 경우 이렇게 먼저
물어보면 된다. "제가 뭐라고 부르면 좋을까요?"

　　물론 한국 교회에 익숙한 '형제', 자매'라는 호칭이 있다.
그러나 나는 예전부터 이 호칭들이 이상하게 들려서 의도적
으로 사용하지 않았다. 교회 외에는 이런 말을 좀처럼 쓰지
않는다는 이유에서 그리고 언제 봤다고 처음 보는 사람을
'형제'이고 '자매'라고 말할 수 있는지에 대한 개인적인 의문
에서 말이다. 삐딱해 보일 수 있으나, 실제 성경에서 언급되
는 형제, 자매라는 것은 분명 서로의 신앙이 확인된 상태에
서, 충분히 서로의 시간이 누적된 상태에서 탄생한 호칭으
로 보인다. 그렇게 가볍지 않다.

　　그런데 내게 '호칭'이란 단지 첫 만남에 마주할 수밖에 없
는 난감함에 그치지 않는다. 사실 지금껏 본질적인 의문이
있었다. '직분'을 담는 호칭들이 단지 그 직분의 '역할'의 의
미보다는 이미 '위계'의 의미를 담고 있다는 현실의 문제 때

문이었다. 그리고 상대를 부르는 방식은 부르는 자와 불리는 자의 사고방식을 규정하기 때문이다.

그렇다면 '목사'라는 호칭은 어떨까? 이 역시 역할에 따른 호칭일 뿐이다. 그런데 어느덧 '이들 중 하나'가 아닌, '이들과는 다른 자'로 규정되어 버린 것 역시 사실이다. '목사'라는 호칭은 나와 너 사이를 꽤 멀리 갈라놓는다. 여기서 자유로운 이들은 오직 교회 밖 사람이다. 그런데 아이러니하게도 '목사'들은 교회 밖 사람들과 잘 어울리지 않는다. 그래서 이 호칭에 충실하게 사는 듯하나, 실상은 그 호칭에 스스로 갇혀 있는 경우가 다반사다. 그리고 '이들 중 하나'가 아닌 '이들과 다른'이라는 경계는 결국 사랑의 전제, 즉 경계 없음을 무너뜨린다.

'목사'와 짝꿍을 이루는 '사모'라는 호칭 역시 마찬가지다. 목사는 그나마 공식적 직분이기라도 한데, '사모'라는 호칭은 아리송하다. '사'의 아내를 뜻하는 말인가? 혹은 뭔가 높은 사람의 아내를 존칭하는 말인가? 사실 그 연원이 궁금하지는 않다. 단지 '목사'와 결혼했다는 이유로 인해 공식적이지도 않은 이 '사모'라는 호칭에 갇힌 수많은 목사의 아내들이 이도 저도 아닌 자리 가운데서, 이도 저도 아닌 관계 속에서 살고 있는 게 현실이라는 바가 더 중요하다. 모든 말은 어떻게 생겼느냐보다 지금 어찌 쓰이느냐가 중요한 것처럼, 모든 호칭 역시 어떻게 생겼느냐보다 현재 어떤 구속력을 가지느냐가 중요하다.

개척하면서 나는 우리 교회가 부디 '사랑'을 나누는 공동체가 되길 원했다. 이를 위해 모인 자리에서 제일 먼저 꺼냈던 게 앞서 언급한 '호칭'에 대한 고민이었다. 그러나 이들은 나를 '목사'가 아닌 상태로 만난 적이 없었고, 이들 역시 한국 교회의 적자들이었기에 나를 다른 호칭으로 부르는 게 버거워 보였다. 나 역시 마찬가지였다. 호방하게 벗어던지고 싶었으나, 넘어서기가 좀처럼 쉽지 않았음을 고백한다. 그러나 아내만큼은 그렇지 않길 바랐다. 그래서인지 어떤 이들은 아내를 '누나'나 '언니'라고 부른다. 그래서인지 아내는 그 호칭의 무게로부터 어느 정도 자유로워 보인다. '누나', '언니'라고 불리는 자리에서는 더욱 그러하다.

이런 딜레마를 곱씹다 보니 여기에까지 생각이 머문다. 예수님의 '성육신'이라는 것은 도대체 얼마나 대단한 것일까? 같은 인간들끼리도 '그들 중 하나', 혹은 '우리'라는 것을 이루기가 이토록 어려운데, 전혀 '그들과 달랐던' 하나님께

서 참말로 '우리 중 하나'가 되어 주신 것은 그저 놀라울 뿐
이다. 나는 그런 예수님이 좋다.

—

봄날의 햇살

2022년에 가장 주목받았던 〈이상한 변호사 우영우〉라는 드라마가 있다. 스토리 라인 자체도 매력적이었지만, 이 드라마의 가치는 그 이상이다. 사회에서 암묵적으로 격리된 '자폐' 스펙트럼 장애를 앓는 이를 주인공으로 설정하여, 시청자들이 사회 곳곳에 응축된 약자들에 대한 차별적 시선과 제도들에 대해 돌아볼 수 있게 했다는 점에서 그렇다. 또한 특별히 이 드라마는 2000년대 이후로 한국 사회의 화두가 되었던 '정의', 혹은 '공정'의 의미를 곱씹어 보게 했다는 의미에서도 매력적이었다.

드라마는 막 로펌에 취업한 세 명의 인턴 변호사를 메인 캐릭터로 하여 극이 진행된다. 주인공은 천재적 두뇌로 로스쿨을 수석 졸업한 변호사 '우영우'다. 단, 앞서 언급했듯 그녀는 자폐 스펙트럼 장애를 앓고 있다. 또 한 명은 그녀의 친구 최 변호사이고, 다른 한 명은 권 변호사이다. 나는 이 권 변호사에게 유독 눈이 갔다. 매사에 투덜거리는 이유가 그리 낯설지 않았기 때문이다. 그는 늘 불만으로 가득하다. 불공정 때문이다. 우선 아버지가 고위 법관인 최 변호사를 향해서는, 그녀가 법조계 금수저라 출발선부터가 불공정하다고 여긴다. 그런데 그는 '우영우'를 보면서도 불공정하다고 여긴다. 그녀의 장애가 일종의 우대권이 되어 버려, 자신과 같은 비장애인보다 너무 많은 배려를 받고 있다고 생각해서다. 이처럼 그의 눈에는 모든 게 불공정으로 보인다. 그래서 늘 불만인, 아니 분노한 표정으로 등장한다.

그의 문제의식이 다 틀리진 않았다. 부의 대물림, 사회적 자본에 대한 대물림으로 출발선 자체가 다르다는 문제의식은 합당하다. 출발선이 다른데 같은 룰로 경쟁하는 건 공정하지 못한 게 맞다. 그러나 우영우에게 동일한 시각을 적용하는 것은 틀렸다. 오히려 그 자체로 이미 그의 인격이 뒤틀려 있음을 알린다. 자신 역시도 누군가보다는 출발선에 앞서 있다는 것을 의식하지 못할 정도로 객관성이 상실되었다는 점에서, 이익도 아닌 누군가가 고작 호의를 받는 것조차 받아들일 수 없을 정도로 그 인격이 메말랐다는 점에서 말이다. 그것은 공정에 대한 발언이 아니라, 스스로 자신의 비참함을 고해성사하고 있을 뿐이다.

기독교 신앙은 '공정'을 부정하지 않는다. 그러나 동시에 한 가지를 분명하게 언급한다. 공정을 추구하는 인간이 공정을 내세울 때 항상 그 앞에 자체 묵음 처리하는 내용이 있음에 대해서 말이다. '이미 내가 받은 건 말하지 말고. 그건 당연하니까.' 이게 권 변호사의 공정이고, 비참한 사회를 사는 인간들의 공정이다. 랭던 길키(Langdon Gilkey)의 《산둥 수용소》(새물결플러스 역간)에 보면 다음과 같은 이야기가 나온다.

"오늘 밤, 일을 겪고 보니 역시 내 생각대로 사람들이 공평을 외치는 진짜 이유는, 다른 사람들을 위해 정의를 요구하는 것이 아니었어요. 그저 자기 것을 다 받아내려는 좌절된 욕구였지. 우리에게 진짜 중요한 것은 이웃이 우리만큼 많이 받았느냐가 아니라 이웃이 우리보다 많이 받으면 안 된다는 거네요. 물론 이웃보다 더 많이 받으려는 욕구의 뿌리는 이기심이에요. 그래서 인생이란 이렇게 더럽게도 복잡한 건가 봐요!"

　드라마는 드라마일 뿐, 현실에는 '우영우'가 없다. 그리고 사실 이 드라마는 판타지에 가깝다. 우선 주인공 우영우 같은 초 천재이자 매력 넘치는 자폐인은 거의 찾아볼 수 없다. 만약 그녀에게 매력을 느꼈다면, 그건 우영우라는 캐릭터가 아니라 그것을 연기한 배우의 매력이었을 뿐이다. 또 다른 의미에서도 이는 판타지다. 우리 사회의 어떤 이들이 드라마 속 캐릭터들처럼 자폐 스펙트럼 장애인을 그리 받아주던가? 드라마를 보고 감동할 수는 있지만, 실제로 내 옆에 그렇게 느리고 돌발 행동을 하는, 좀처럼 의사소통이 안 되는 장애인이 있다면 우리는 계속 짜증을 낼 가능성이 크다.

　그런데도 이 판타지 같은 드라마를 현실로 치환시키는 핵심 장치가 있다. 앞서 언급했던 또 다른 인물, 최 변호사가 그 주인공이다. 우영우는 그녀를 '봄날의 햇살'이라고 부른다. 로스쿨 시절부터 현재 로펌에서의 삶까지, 그녀는 늘 따스한 햇살처럼 우영우를 비추며 보듬었다. 이처럼 봄날의 햇살 같은 인물의 존재가 판타지를 현실의 이야기로 탈바꿈하게 하였다. 나아가 분노하던 권 변호사마저 그녀가 우영우를 대하는 시선과 태도에 전염되어 다시 사람 냄새가 나도록 변화

되었다. 결국 그 역시 점점 환하게 웃게 된다. '봄날의 햇살.'
우리네 냉혹한 현실을 신비로 돌이키게 할 단서다.

사랑을 준비하다

사랑과 관련된 수많은 격언이 있다. 여백을 채우는 사유에서 비롯된 철학자들의 고상한 문장으로부터, 큐피드의 화살처럼 날아와 가슴에 명중하는 드라마 명대사들까지 참으로 다양하다. 그런데 얼마나 강렬한지, 혹은 성찰하게 하는지와 별개로, 내게 있어 손꼽을 만한 말은 '첫사랑은 반드시 실패한다'이다. 그리고 살수록 점점 더 수긍하게 되는 게 진정한 격언의 진가이듯, 이 역시 그러하다. 인격적으로 미숙할 때, 즉 아직 '사랑'이 무언지, 어찌해야 하는지에 대한 이해와 경험이 부재할 때 일어날 가능성이 많은 게 첫사랑이기 때문이다. 물론 어떤 법칙이든 예외는 있다. 그러나 그런 커플이라도 모름지기 한 번쯤은 큰 부침이 있었을 것이다. 미숙함을 탈피하며 '사랑'이라는 개념을 재해석하는 시기가 있었을 테니 말이다. 나 역시 그랬던 것 같다.

그런데 살다 보니, 꼭 이성에 대한 것만이 아니라 또 다른 첫사랑도 있을 수 있음을 뒤늦게 깨달았다. '자녀'가 그러하다. 똑같이 '사랑'이란 말을 붙이지만, 이성을 향한 사랑과는 전혀 결이 다르다. 그래서인지 처음 하는 사랑처럼 느껴진다. 특히 첫째 아이를 향한 사랑이 더욱 그렇다. 첫아이라서 그렇기도 하지만, 나와는 달리 아이는 몸도 마음도 시시각각 변하기 때문이다. 그래서 어른들 간의 사랑과 달리, 아이를 향한 사랑 방식의 유효 기간은 고작 6개월 정도다. 그래서 나도 모르게 첫째에게 더 엄격하게 대했던 것 같다. 급변하는 변화의 흐름을 따라가기가 너무 벅차기에 말이다. 잘 모르는 데서 비롯된 자신 없음이 엄격함으로 드러났다. 아빠도 아빠가 처음이고, 엄마도 엄마가 처음이라 그렇다. 아마 이러한 첫사랑의 딜레마 때문에 조부모들이 손주들을 그렇게 예뻐하는 게 아닐까 싶다. 어린 생명이 귀엽기도 하지만, 결국 자식들에게 향했던 첫사랑의 아쉬움 때문에 더욱 그리 대하게 된다. 누가 대상이든지, 첫사랑이란 그런 것 같다. 잘 모른다. 그래서 헤맨다. 그러나 그런 미숙함과 실패를 거쳐야만 진정한 의미의 사랑을 주고받는 자리들이 생겨날 것이다.

다시 말하지만, 아이를 향한 사랑은 어렵다. 그러나 분명한 것은 또 있다. 내가 계속 이 아이를 사랑할 거라는 사실 말이다. 그리고 변화가 두렵기는 하나, 가끔은 그 가운데 예측 가능한 변화들도 있기에 나름 준비하는 게 있다. 막 십 대가 된 첫째 아이에게는 조만간 예고 없이 '사춘기'가 찾아올 것임이 분명하다. 그래서 곧 데프콘 발령을 준비하고 있다. 어떤 난리를 치더라도 받아 주려고 마음을 다잡고 있다. 그건 아이의 인격 문제가 아니라 호르몬의 문제이니 말이다.

물론 또 다른 준비도 하고 있다. 아이의 사춘기가 지나가면 또 다른 사랑인 아내의 '오춘기'가 오리라 예상하고 있다. '갱년기' 말이다. 그리고 나에게는 또 다른 사랑의 대상들이 있다. 내가 목양하는 '성도'들이다. 그런데 지난한 사랑의 과정을 거치며 알게 된 사실이 있어 미리 준비하고 있는 게 있다. 나는 이들을 외면하지 않아도 이들은 나를 외면할 수 있음을 알기에 늘 마음의 준비를 한다. 상처가 너무 크면 다른

사랑을 하지 못하게 되기 때문이다. 이렇게 나는 여러모로
사랑의 지혜를 찾고, 연습하고, 준비하고 있다. 첫사랑이 참
사랑이 되게 하기 위해서 말이다.

나는 여러모로
사랑의 지혜를 찾고,
연습하고,
준비하고 있다.

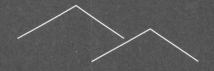

첫사랑이
참사랑이 되게 하기 위해서
말이다.

—

모든 남자는 아담의 한 부분이고,
모든 여자는 하와의 한 부분이다

이혼한 뒤 재차 싱글이 된 이들의 만남을 주선하는 리얼리티 연애 프로그램이 있다. 이를 챙겨 보시던 분이 어느 날 뜻밖의 이야기를 해 준다. 출연자들에게 의외의 공통점이 있다는 것이다. 다름 아니라, 출연진 중 정신과 약을 먹지 않는 사람이 없다는 점이었다. 즉 용량의 차이는 있을지언정, 안 먹는 사람이 없다고 말한다. 약을 먹게 된 제각각의 구체적 이유를 알 수는 없지만, 이들이 약을 먹지 않으면 버티지 못한다는 것만은 분명하다. 그리고 '이혼'이 그 직간접적 원인임을 쉽게 유추할 수 있다. 실패감 때문인지, 깨어짐의 아픔 때문인지, 인간에 대한 회의감 때문인지 모르겠지만, 어쨌든 깨어짐 자체가 일종의 트라우마로 작용하여 그들의 정서를 괴롭히는 것임이 분명하다. 한 몸을 이루었던 이들의 해체가 어떤 영향을 미치는지는 자명하다.

비록 적은 분량이지만, 성경은 분명히 '이혼'에 대해서 언급한다. '절대 안 돼!'라고 말하지는 않는 듯하나, 한결같이 부정적 뉘앙스로 말한다. 왜 그럴까? 분명 '이혼' 자체는 악이 아니다. 이혼에 관해 성경이 언급한 구절들을 추적하면, 결국 여성을 소유이자 수단으로만 대우했던 고대 사회의 뒤틀린 문화에 대한 저격이 우선되는 이유로, 또한 그렇게 갈라섰을 때 특히 여성에게만 생존의 위기가 찾아오는 문제를 막기 위한 목적으로 언급한다. 그런데도 한결같이 부정적 뉘앙스로 언급하는 이유는 무엇일까? 인간의 존재 방식에 기인한 바가 아닐까? 한 번이라도 한 몸을 이루었던 이들이 분리된다는 것은 산술적 나누기의 문제가 아닌, 존재의 깨어짐의 문제이기에 말이다. 만약 하나였던 구체가 충격에 의해 두 조각이 난다면, 칼로 벤 듯 깔끔하게 반으로 갈라지지는 않을 것이다. 울퉁불퉁하게, 심지어 흉측한 몰꼴로 갈라지고, 그처럼 지저분한 면끼리 서로를 향하게 된다. 한 몸의 분리가 마치 이와 같다.

　그렇다면 아담과 하와의 분리는 얼마나 큰 트라우마를 남겼을까? 과연 우리가 상상이나 할 수 있을까? 이보다 더 완벽히 하나 된 인간은 없었으니 말이다. 물론 이들은 제도로서 '이혼'하지는 않았다. 여전히 함께 살았다. 그러나 함께 사는 것과 한 몸이었던 것은 비교할 수 없이 전혀 다른 차원이다. 또한 이전에 누렸던 한 몸 이룸의 기쁨을 기억하는 상태로 그저 함께 살기만 한다는 것은 그 자체로 참혹한 징벌이었음이 분명하다. 그 고통이 '그때 그러지 말았어야 했다'는 죄책감으로, 혹은 '여기서 더 무너지면 어찌 살지'라는 불안감으로 이어졌을 것이다.

　에리히 프롬(Erich Fromm)은 이렇게 말한다. "모든 남자는 아담의 한 부분이고, 모든 여자는 하와의 한 부분이다." 그래서 최초의 분리 이후 모든 인간은 이와 같은 패턴에 머물게 되었다. 누구나 하나 됨으로 나아가려는 열망이 일어나지만, 역설적으로 하나 됨을 회피함으로 얻는 죄책감과 불안감 아래 짓눌리는 아이러니한 인생 패턴 말이다.

　남녀 간의 한 몸 이룸에 말로 설명할 수 없는 신비가 있듯, 인간과 인간의 '이어짐'은 진정 신비이다. 인간의 자력으로 이룰 만한 것이 아니다. 물론 호르몬이라는 신비의 도구를 통해 일시적으로 경험할 수는 있으나, 그것은 곧 소멸될 이어짐일 뿐이다. 선악과를 따 먹기 이전의 아담과 하와로 우리를 이끄는 신비는 오직 '사랑'으로부터 발현될 뿐이다.

—

그건 동정이었다

우리 교회에는 택배 기사님들을 위한 간식 통이 있다. 고생하는 분들께 작은 기쁨을 드리고자 간식을 채워 어디서든 잘 보이는 엘리베이터 옆에 놓았는데 대성공이었다. 예상외로 다들 엄청나게 잘 가져갔기에 너무 뿌듯했다. 그런데 어느 날부턴가 이상했다. 마치 휴거라도 된 듯, 간식들이 일거에 모두 사라지기 시작했다. 처음에는 어떤 기사님이 배가 너무 고파서 그랬나 보다며 에둘러 넘겼는데, 자주 반복되다 보니 누군가 훔쳐 간다는 것을 확신하게 되었다. 다만 그렇게 가져가는 것 자체가 그 사람이 아프다는 것을 증명한다는 생각 때문에 지치지 않고 계속 채워 넣었다.

—

그러던 어느 날, 사달이 났다. 간식과 음료가 휴거된 것을 넘어, 바닥에는 깨진 유리병 조각들과 새어 나온 음료가 흥건히 고여 있었으며, 심지어 그 위에 쓰레기들이 널브러져 있는 장면을 보았다. 더 이상 참을 수가 없었다. 그래서 간식 통을 예배당 안으로 옮겨 놓았다. 설마 문을 열고 들어와서 그냥 가져가지는 않겠지 하는 생각에 말이다. 하지만 예상은 여지없이 빗나갔다. 간식 통 안의 간식만이 아니라, 예배당에 비치된 성도용 간식들마저 싹 다 사라져 버렸다.

몇 번 더 이런 일이 반복되자 고민이 되었다. '간식 제공을 지속해야 하는가, 말아야 하는가? 그리고 내가 느끼는 이 불편감은 정당한 정의감인가, 시혜자의 오만함인가?' 고민하던 중에도 이런 사건은 계속되었고, 내 마음 역시 계속 어려워지자 결국 비밀번호를 누르고 들어가야 하는 화장실 안으로 간식 통을 옮겼다. 택배 기사님들은 번호를 알고 있기에 그리했다. 그 이후로 더 이상 휴거는 없었다. 하지만 찜찜했다. 그래도 먹는 것을 화장실 안에 두는 게 맞느냐는 생각에, 무엇보다 '과연 그게 옳은 선택이었나?'라는 생각 때문에 말이다.

옳고 그름을 충분히 알더라도 가끔은 도저히 어찌할 수

없는 경우가 있다. 물 밖으로 나가야 한다는 것을 알지만 모든 힘이 다 빠져 버려 그저 가라앉고 있는 상황과 같은 것 말이다. 그런데 누군가의 삶이 이와 같다. 이미 물에 빠진 지 오래된, 그래서 물 밖의 삶을 기억도, 상상도 못하는 삶. 이런 서사 아래 있는 이들에게까지 동일한 잣대를 놓고 정의를 판단할 수는 없다. 그런 면에서 나는 실패했다. 훔쳐 가는 게 정상적인 것은 아니기에, 분명 이 사람이 아픈 것 같다는 의식은 했다. 하지만 그 정도까지일 줄은 예상하지 못했다.

내 이해는 얕디얕았다. 흔히 '사회적 약자'라 불리는 이들이 지금껏 감내한 삶에서 얻은 상흔은 우리가 떠올리는 것보다 훨씬 무겁고 깊음이 분명하다. 좀처럼 그런 삶을 살아 보지 않은 이는 절대로 알 수 없는 침잠의 경지다. 그래서 소위 '약자'라는 이들을 사랑하는 것이 좀처럼 쉽지만은 않다. 그들은 내가 이해하지 못하는 수많은 내적 역동 가운데 언제라도 무너질 태세를 하고 있다. 마치 어디로 튀어 나갈지 모르는 질풍노도의 시기, '사춘기'와 같은 상태로 계속 살고 있는 것과 같다. 심지어 '고맙습니다'라는 말조차 돌려받을 수 없는 그런 상태 말이다.

누군가를 도왔는데, 마땅히 2,000원짜리 편의점 김밥이나 먹어야 하는 자가 20,000원짜리 밥을 먹는 장면을 보면 화가 난다. 그의 삶이 나보다 모든 면에 못하더라도 상관없다. 단 한 번이라도 그런 꼬락서니를 보면 좀처럼 참을 수 없는 게 우리의 정의다. 단 한순간이지만 내가 강자가 아니라는 생각에 수치심이 들고, 또한 내가 누려야 할 것을 저 녀석이 빼앗아 갔다는 불공정 의식이 들기 때문이다. 그런데 바로 그게 나의 모습이었음을 고백한다. 모든 게 내 통제 아래에서만 이루어지길 원하며, 언제나 나는 강자의 위치에 있어야만 한다고 믿는 비뚤어진 사랑 말이다. 그것은 예수의 긍휼과 달랐다. 그것은 긍휼이 아닌 동정이었을 뿐이다.

간식 통은 여전히 화장실 선반 위에 있다. 그리고 나는 화장실을 오갈 때마다 그 간식 통을 마주한다. 문을 열자마자 볼 수밖에 없는 바로 내 눈높이에 있기에 그렇다. 그래서 볼 수밖에 없는 그 간식 통이 내게는 영혼의 '비상벨'로 작용한다. 그 비상벨을 볼 때마다 나는 동정이 아닌 긍휼의 관점을 떠올리게 된다.

"긍휼히 여기는 자는 복이 있나니 그들이 긍휼히 여김을 받을 것임이요"(마 5:8).

—

인간의 귀는 두 개다

예전부터 군에서 운영하던 '마음의 편지'라는 제도가 있다. 고충을 안고 있는 병사의 목소리를 직접 들음으로써 부조리는 경감시키고, 혹시 모를 인사 사고를 사전에 막기 위해 고안된 제도다. 예를 들어, 어떤 고충 있는 병사가 자물쇠로 잠겨진 '편지통'에 편지를 적어 넣으면 담당 간부가 확인한 뒤 필요한 조치를 시행하는 방식이다. 일종의 군대 판 대나무 숲이랄까? 때문에 이 제도의 핵심은 '비밀 보장'이다.

그렇다면 실제는 어떠했을까? 군대 물정에 어수룩한 이등병이 이 제도가 있음을 들었기에 참다못해 자신의 힘든 얘기를 적어 넣는다. 그러면 다음 날 참사가 벌어진다. 전 부대원이 편지의 내용을 다 알고 있는 것이다. 심지어 고발자라며 조리돌림을 당했다. 나는 어떤 관리자가 조회 시간에 편지를 적은 병사를 언급하며 그 친구를 잘 대해 주라고 당부하는 것까지도 보았다. 그게 엄연한 현실이었다. 이런 경험을 한 뒤라면 누군가로부터 "뭐 어려운 것 있나?"라는 질문을 듣더라도 그 병사는 단 1초의 망설임도 없이 이렇게 대답한다. "하나도 없습니다!" 심지어 어제 화장실에서 몰래 울었던 녀석일지라도 말이다. 그리고 이를 지켜본 사람들까지도 모두 동일한 메시지가 뇌리에 각인된다. '입을 다물자!' 그렇게 대한민국 남자들의 외상후 스트레스장애(PTSD)는 비슷한 시점에 발현되기 시작하고, 전역 후 사회로까지 전이된다.

물론 지금은 다르다. 더 이상 펜을 들어 적는 '마음의 편지'가 아니라 온라인으로 작성하는 편지가 되었고, 부대장에게만 열람할 수 있는 권한이 주어진다. 완벽한 비밀 보장이다. 그래서 많은 이가 이 제도를 실제 이용하기 시작했다. 자신의 목소리가 들리게 된다는 믿음이 기꺼이 말하게 만들었던 것이다. 물론 약간의 부작용도 있었지만, 실제로 많은 부조리가 해소되었음이 분명하다.

———

사회생활을 하다 보면 누구나 비슷한 사례에 노출된다. 자신의 발성 기관에는 아무 문제가 없음에도 불구하고 말하지 못하게 되는 상황, 혹은 할 수 있는 말이라고는 고작 '미안합니다'밖에 없는 상황에 놓이는 것 말이다. 이처럼 목소리를 낼 수 없다는 것, 아무에게도 내 목소리가 들리지 않는다는 것은 매우 비참하다. 마음에 병들이 생기는 이유다. 누구도 자신의 목소리를 들어 주지 않기 때문에 그렇다. 그러나 내 이야기를 듣는 이가 있다면, 그 자체로 이미 회복은 시작된다. 아직 어떠한 해결이 없더라도 말이다. 얼마나 많은 이가 내 주변에 있느냐는 그리 중요하지 않은 것 같다. 단지 내 목소리를 듣는 이가 얼마나 있는지가 관건이다. 이것이 '고립'과 '연결'을, 나아가 '삶'과 '죽음'을 결정한다.

카페에 앉아 있다 보면 많은 이의 소리가 들려온다. 공간을 감싸고 있는 배경 음악부터 '윙~' 하며 커피를 내리는 커피 추출기의 소리와 핸드폰 벨소리도 들린다. 그런데 어떤 소리는 더 크게 들리고, 어떤 소리는 좀처럼 안 들린다. 인간의 귀는 가청 범위 내에 있는 수백 가지 소리를 동시에 잡아내지만, 우리의 마음은 그중 일부만을 듣게 한다. 결국은 관심의 차이 때문이 아닐까? 관심 있는 것의 소리는 더 크게 들리고, 무관심한 것의 소리는 좀처럼 들리지 않는다. 심지어는 듣고 싶은 소리를 살리기 위해, 심지어 그 소리만을 듣기 위해 나머지 소리를 하나씩 지워 나간다. 그렇게 모든 소리를 지워 가다 보면 결국 자기 소리만 들리는 데 이른다. 아니, 자기 소리마저 지워버리는 데까지 이를 수도 있겠다.

인간의 귀는 분명 두 개다. 자신의 소리만 듣지 말고 이웃의 소리도 들으라는 창조자의 뜻이 아닐까? 나와 한 몸을 이루어야 할 그, 나의 이야기와 연결되어야 할 그의 이야기를 최소한 한 귀로 듣고 한 귀로 흘리지 말라는 뜻으로 보인다. 폴 틸리히(Paul Tillich)는 이렇게 말했다. "사랑의 첫 번째 의무는 듣는 것이다."

"사랑의 첫 번째 의무는

듣는 것이다."

—

예수님의 MBTI는 무엇일까

모 대학 수련회 강사로 섬기기 위해 수련회 장소에 머물던
어느 날 식후였다. 한 친구가 다가와 말을 걸어 그와 대화
를 나누기 시작했다. 두서없이 여러 대화를 나누던 중, 그가
갑자기 심각한 표정으로 "진짜 궁금한 게 있는데요"라며 운
을 띄웠다. 그의 진지함에 맞추어 나 역시 진중한 자세로 고
쳐 앉으며 말해 보라 응낙했다. 그러자 물었다. "예수님의
MBTI는 뭘까요?" 서로의 호탕한 웃음으로 마무리되었던 그
황당한 질문. 하지만 아직도 나는 이 질문에 대한 대답을 찾
지 못했다. 도리어 질문은 또 다른 질문으로 바뀌어 찾아왔
다. '언제부터 우리가 이렇게 MBTI에 열광하게 된 거지?'

심리 유형을 파악하기 위해 고안된 MBTI라는 진단 도구가 언제부터인가 젊은이들 사이에서 대유행이다. 상대를 알기 위해 나이나 혼인 여부를 묻는 것은 실례가 되어 버렸다. 반면 이제는 너 나 할 것 없이 상대의 MBTI를 묻는다. 마치 서로 처음 마주한 강아지들이 조심스레 서로의 체취를 맡으며 상대의 정보를 받아들이는 듯한 느낌이랄까? 서로의 MBTI 정보를 주고받으면서 자신이 어떤 사람인지를 알리고, 타인이 어떤 사람인지를 알아낸다. 아니, 어쩌면 서로의 알레르기 정보를 주고받으며 전달하는, 부디 조심해 달라는 무언의 간청에 더 가까워 보인다.

한때 나 역시 MBTI에 몰입한 적이 있었다. 그간의 나는 사람을 잘 보는 이들이 부러웠다. 단 한 번의 만남으로도 금세 상대의 기호를 파악하여 그것에 맞게 응대하는 능력은 사역에 반드시 필요해 보였다. 그런데 내겐 그런 능력이 전혀 없었다. 이런 내게 MBTI는 활용하기 너무 괜찮은 도구였다. 이처럼 필요에 의해 배우게 된 이 심리 검사 도구는 그때까지만 해도 잘 몰랐던 나 자신에 대한 이해의 폭을 넓혔다. 또한 그렇게 넓혀진 자기 이해의 폭만큼 타인에 대한 이해의 폭 역시 넓어졌다.

하지만 언젠가부터 생각이 뒤바뀌었다. 사람을 잘 보지 못하는 부족함이 도리어 축복일 수도 있다는 생각이 들었기 때문이다. 사람을 잘 보는 것, 혹은 사람을 잘 보려 하는 노력이 문득 부질없이 느껴졌다. 사람을 아무리 잘 보더라도 무조건 맞는 것은 아니다. 그런데도 이미 그렇게 봐 버린 선입견을 맹신하며 스스로 사회적 거리 두기를 하는 이들이 눈에 들어오면서부터이다. 거기에는 자기 보호에만 몰두하는 집착, 혹은 자신의 목적을 이루기 위한 이기심이 엿보였다. 반면 나는 사람을 잘 보지 못하기에 더 자세히, 더 많이 보려 할 수밖에 없었다. 정말 피곤한 시간이었다. 그러나 그렇게 내치지 않아 금세 보아서는 알아차릴 수 없었던 빛나는 것을 보게 되거나, 그 사람을 둘러싼 이야기들이 보이기 시작했던 기억이 떠올랐다. 축복이다. 그리고 오직 그 사람을 통해서만 반영되어 비로소 정체를 드러내는 내 안의 이야기를 볼 수 있게 되었음을 알았다. 역시 축복이다. 그렇게 사람을 잘 보지 못하는 어리숙함이 도리어 바라봄이 되어 상대도 그리고 나 자신도 이해할 수 있는 터전이 되어 주었다.

열 길 물속은 알아도 한 길 사람 속은 알 수 없다. 사람을 잘 보는 이들의 판단은 대체로 맞다. 하지만 무조건 맞는 것은 아니다. 인간에게는 '관심법'이라는 능력이 주어지지 않았다. 그것은 신의 것이다. 도리어 우리가 서로 다른 이유가 있어 보인다. 오래 볼수록 아름답게 느껴지는 그 과정 자체를 누리게 하시기 위해 허락된 하나님의 창조 의도가 아닐까? 언제나 '편견'과 '단견'으로부터 사람 사이에 갈등이 생겨나고, 고독이 피어나며, 심지어 전쟁이 시작된다.

어디선가 들었던 말이다. "무신론자는 타인에게서 하나님의 형상 보기를 거부하는 자들이다." 그렇다면 그리스도인은 어떻게든 그 이웃 안에 남겨진 하나님의 형상을 바라보려 하는 자들이라 할 수 있다. 그렇게 사람은 자꾸 보아야 아름답다. 그리고 그렇게 보일 때 비로소 사랑하고 싶어질 것이다. 사랑하려는 행위보다 살아 있는 사람으로 보는 게 더 앞선다.

———

캠핑으로 배우다

COVID-19로 인해 우리네 삶은 확연히 달라졌다. 기본적인 섭생에 관련된 것들을 넘어 만나고 일하는 것에 이르기까지 말이다. '노는 것' 역시 달라진 것 중 하나다. 애석하게도 주님께서 내게 '노는 것'이 무엇인지 알려 주거나 선사한 적이 없으신 듯하여 그냥 에둘러 '쉼'이라고 표현하겠다. 노는 게 뭔지 잘 몰라도, 딱히 놀고 싶지 않아도 나 역시 모든 이들과 마찬가지로 쉬고 싶은 욕구는 넘친다. 물론 어떤 워커홀릭들은 "어차피 죽으면 계속 쉴 텐데, 쉬는 건 죽어서나 하겠다!"라고 얘기한다. 하지만 그렇게 말하는 이의 정신은 이미 죽어 있을 가능성이 높다. 안식 없는 자는 이미 사람됨의 범

주에서 벗어난 자라고 볼 수 있다.

하지만 나는 쉼을 잘 몰랐다. 그간 내 몸과 내 정서에 예민하지 못했다. 그래서 나 자신이 스트레스 받지 않는다고 말해 왔다. 하지만 생각보다 몸과 정서의 언어는 정직했고, 그것을 계속 무시하자 그들이 나를 다그치기도 했다. 그래서 언젠가부터 건강한 '쉼'에 대해 고민하기 시작했다. 이 고민이 코로나와 맞물려 이루어졌기에 자연스레 '캠핑'에 주목하게 되었다. 나는 뼛속까지 도시 남자지만 자연 안에 있는 게 좋았다. 공기가 좋다는 느낌이 뭔지도 모르는 둔감한 자이지만, 그래도 자연 안에 있는 게 좋았다. 물론 지나 보니 사람들과 마주하지 않는 게 좋았던 것은 아닐까 하는 생각이 든다. 아무튼 그 쉼의 자리에 사랑하는 가족이 함께하면 좋겠다는 생각이 들었다. 그래서 '캠핑'이었다.

캠핑에 완전 문외한은 아니었다. 언젠가 친구가 나를 데려간 적이 있었다. 그는 나를 비롯한 손님들을 위해 모든 것을 준비했다. 장비 세팅만이 아니었다. 우리를 위해 미리 장을 봐 왔고, 끊임없이 주전부리를 제공했으며, 그 와중에 홀로 식재료를 준비하여 기가 막힌 한 상을 차려 냈다. 심지어 고기도 직접 다 구워 주었다. 식사가 끝나고 나니 이

번에는 화로에 불을 피워 주었다. 거기서 '불멍'이라는 것을 처음 경험했다. 일렁이는 불꽃 춤을 보다 보니 무념무상에 젖어들었고, 잦아드는 불꽃과 함께 그간 나를 짓눌러 오던 모든 찌든 생각들 역시 잦아드는 듯했다. 표현하기 어려운, 굉장히 흥미로운 경험이었다. 그날 나는 처음으로 캠핑을 경험했다. 그런데 생각해 보니, 내가 경험한 것은 '캠핑'이 아니라 '환대'였던 것 같다.

그 후에도 본격적으로 캠핑을 하려고 결심하기까지 꽤 오랜 시간이 걸렸다. 그래도 '쉼'이 꼭 필요하다는 확신 아래 결국 장비를 구비하여 캠핑을 다니기 시작했다. 홀로도, 가족들과도. 예상했던 것보다 장비의 설치와 해체 그리고 야외 취침이 쉽지만은 않았다. 그러나 뒷덜미를 스쳐 지나가는 쌀쌀한 바람을 등진 채 나를 감싸듯 아래로부터 뿜어 나오는 열기를 마주하는 그 시간, 즉 타닥타닥 타들어가는 장작 소리를 배경으로 숯 향을 음미하며 일렁이는 불꽃과 함께 묵힌 생각들을 하나씩 지워 나가는 불멍의 시간을 음미하는 건 여전히 매력적이었다. 하지만 처음 그 친구와 함께했을 때 느꼈던 그 정도의 무언가까지는 아니었다.

그러던 어느 날, 여러 부치는 상황으로 어깨가 주저앉은

한 성도가 눈에 들어왔다. 아끼던 친구였고, 그를 짓누르고 있는 짐들이 무엇인지 알았기에 계속 기도하고 있었다. 하지만 내가 해 줄 수 있는 것은 하나도 없어 안타까웠다. 그러다 마침 그 주에 가려 했던 캠핑이 생각나 급작스레 초대했고, 그도 응낙했다. 나는 아무것도 가져오지 말라고 신신당부했다. 그리고 내가 처음 초대받아 캠핑장에 가서 환대받던 그때를 떠올리며, 친구가 해 주었던 그대로 돌려주었다. 그 한 사람을 위해 모든 것을 준비하고 세팅했다. 친구가 해 주었듯 그 한 사람을 위해 장을 보고, 음식을 차리고, 고기를 구워 주고, 먹게 했다. 이어 그저 나란히 앉아 같은 불을 보며 이런저런 이야기를 나눴다. 그리고 밤늦게 되돌아가던 그의 모습은 분명 이전과는 조금 달라 보였다. 이 친구 역시 내가 받았던 것처럼 '캠핑'이 아니라 '환대'를 경험했나 보다. 그대로 따라 했을 뿐인데 말이다. 결국 나에게도 그리고 그에게도 필요했던 것은 '놀이'나 '쉼'이 아니라 '환대'였나 보다.

—

사랑은 셋이 하는 것이다

과연 사랑하고 싶지 않은 이들이 있을까? 본능의 발현이든, 학습에 의한 추구든, 스스로 인간성을 포기한 게 아닌 이상 누구나 사랑을 원한다. 그러나 '원함'에 비해 '채워짐'은 늘 부족하다. 사랑은 잘 이루어지지도 않지만, 잘 지속되지도 않는다. 그래서 사람들은 '돈'을 추구한다. 돈은 근거다. 이제는 안심하고 사랑해도 괜찮다는 안도감을 느끼게 할 만한 유무형의 조건들을 제공하기에 그렇다. 하지만 돈이 사랑하게 만들지는 못한다. '성품' 역시 그러하다. 사랑을 보다 더 쉽게 하게 할 만한 토대들을 만들어 낸다. 그러나 아무리 좋은 사람들을 붙여 놓더라도 그것이 사랑으로 이어지지 않는 것을 보면, 이 역시 핵심은 아니다. 결혼이라는 '제도'는 어떨까? 이미 사랑하고 있는 이들이 결혼을 통해 결실에 이르기 마련이지만, 그 이후 사랑이 지속되는 것은 또 다른 이야기다. 예식도, 제도도, 성품도, 돈도 사랑을 만들어 내거나 유지하게는 못한다.

그렇다면 인간은 도대체 어떤 이유로 원하는 만큼 결코 채울 수 없는 이 죽일 놈의 사랑을 그토록 갈망하는가? 기독교는 '하나님이 사랑이시기 때문'이라고 답한다. 세 신적 존재의 초월적 하나 됨을 가리켜 신학적 용어로는 '삼위일체'라 부르고, 일상의 표현으로는 '사랑'이라고 부른다. 그것이 '하나님'이라는 분의 존재 방식이다. 그런데 이처럼 이미 내부적으로 온전한 사랑을 영위하고 계셨던 그분은 또 다른 결심을 하셨다. 존재 외부에 사랑을 주고받을 별도의 대상을 만드시기로 말이다. 그게 인간이다. 하나님께서는 그들을 창조한 후 '하나님의 형상'이라 부르셨다. 그렇다면 이 존재들 역시 이렇게 불릴 자격이 있다. '사랑.'

'하나님의 형상'은 '하나님'의 판박이이기에 삼위일체를 그대로 따라 한다. 하나님의 형상 역시 또 다른 하나님의 형상과 하나 됨을 추구한다. 그래서인지 인간은 처음부터 복수적으로 지음 받았다. 창세기 2장은 남자를 만든 후 그의 외로움에 여자를 만드셨다고 소개하나, 이를 보완하는 창세기 1장은 여섯째 날의 창조를 보고하며 "남자와 여자를 창조하시고"(27절)라고 언급한다. 즉 같은 날 만들어졌다. 그리고 처음부터 복수로 존재했던 이들에게 하나님께서는 '한 몸을 이루라'고 명하셨다. 그렇게 서로 하나 됨을 추구한다. 사랑이다.

따라서 고립된 인간은 '하나님의 형상'이라 할 수 없다. 아니나 다를까, 고립은 인간의 정서를 점차 파괴해 가고, 이에 지배받을 경우 스스로 사라짐을 택하는 데 이르기도 한다. 그래서 사람에겐 하나 됨이, 즉 사랑이 필요하다. 그것이 존재 방식이기에 그렇다. 그래서인지 인간은 누가 시키지 않아도, 그만큼 채움 받지 못해도 늘 사랑을 갈구한다. 생텍쥐페리(Antoine de Saint-Exupéry)는 《인간의 대지》에서 이렇게 말했다. "사랑이란 당신이 본래의 모습을 되찾도록 돕는 과정일지도 모른다."

다만 예전부터 의문이 하나 있었다. 하나님은 셋이 하나가 되셨다는데, 하나님의 형상은 어찌 둘이 하나가 되는 것일까? 그러던 어느 날, 문득 이런 생각에 머무르게 되었다.

'나머지 하나의 자리는 다름 아닌 하나님의 자리가 아닐까?'
지금껏 '비움'과 '결핍'으로 여겨졌던 그 하나의 빈자리가 도리어 완전한 '채움'과 '충만'을 위한 자리였음을 깨달았다. 나와 너 사이에 놓인 또 다른 인간이 채워야 할 그 한 자리, 그자리를 초월자께서 기꺼이 스스로 담당하시겠다는 무언의 선언으로 들렸다.

사랑은 분명 가능하다. 단, 둘이 아닌 셋이 할 때만 가능하다. 나와 너 그리고 그 사이에 기꺼이 놓이신 하나님의 영이 함께할 때만 그 사랑은 가능하다. 그리고 지속된다. 그분의 영은 신비를 자아낸다. 그 신비가 그렇게 만든다. 정말이다. 사랑은 둘이 아니라 셋이 하는 것이다.

신학적 용어로는
'삼위일체'라 부르고,
일상의 표현으로는
'사랑'이라고 부른다.

그것이
'하나님'이라는 분의
존재 방식이다.

예수 믿고 천국이나 가라

종종 집회 강사로 서다 보니, 본문 강해 방식의 내 설교 스타일에 적합한 청중이 있다는 걸 알게 되었다. 그래서 나름의 원칙을 세웠다. 청소년을 대상으로 하는 집회는 거절하고, 대학생을 대상으로 하는 집회는 진지하게 고민해 보는 것으로 말이다. 그러던 어느 날, 모르는 번호로 문자 메시지가 왔다. 자신을 ○○선교회 간사라고 소개하며, 남자부 수련회 강사로 초빙하고 싶다는 내용이었다. 일정이 연말 바쁜 시기에 맞물려 있어서 부담이었다. 그러나 '남자'는 나한테 잘 맞는다는 생각에 응낙했다. 이후 연락을 주셨던 간사님이 따로 찾아왔다. 그런데 대화를 나누다 보니 뭔가 이상했다. 그제야 알았다. '남자부'가 아닌 '남지부', 즉 '서울 남부 지부'로서 대상자가 대학생들이라는 사실을 말이다. 다시 문자를 확인해 보니 '남지부'가 맞았다. 대충 흘려봐서 그렇게 이해했던 것이다. 알았더라면 승낙하지 않았을 터였으나 어쩌하겠는가. 약속이니 지켰다. '남 지부'라고 띄어쓰기를 하지 않은 간사님의 모략과 그저 장식으로 달고 다니는 내 눈이 결합해 일으킨 우연이었다.

인간은 표현된 말을 통해 어떤 존재를 인식하고, 이해하며, 느낀다. 따라서 최소한 인간에게 있어 말로 표현되지 않은 것은 비존재와 마찬가지다. 이는 '사랑'이라는 말에도 동일하게 적용된다. 말로 표현되지 않은 사랑은 비존재다. 실체가 없다. 그렇다고 해서 표현되는 모든 말이 서로를 연결 짓는 것은 더더욱 아니다. 도리어 우리가 부지중에 쓰는 대부분의 언어들은 나와 너를 분리되게 하는 것이 현실이다.

표현된 말은 언제나 신비를 일으킨다. 입 밖으로 내뱉어진 순간, 마치 분신술을 쓴 듯 이내 복수로 존재한다. 상대도 듣지만, 그 말을 하는 자신도 듣기 때문이다. 그래서 상대만이 아니라 자신에게도 영향을 끼친다. 때문에 만약 내뱉는 말들이 주로 사랑의 말들이라면, 그는 상대만이 아니라 자신에게 사랑을 채워 넣게 된다. 반대로 만약 내뱉는 말들이 주로 단절과 분리의 언어들이라면, 상대만이 아니라 스스로를 '언어의 감옥'에 가두어 버리게 된다. 말이 그를 사랑하게 하고, 또한 나도 사랑하게 한다.

20여 년 전 일이다. 친구 녀석이 논산 훈련소로 입대하던 날, 그의 부모님 차를 얻어 타고 함께 환송하러 갔었다. 참고로 친구의 아버지는 목사님이셨다. 그런데 고속도로를 주행하던 중, 갑자기 옆 차선의 차가 위험하게 끼어들었다. 친구의 아버지는 급브레이크를 밟으셨고, 다행히 사고는 나지 않았으나 차에 탄 모든 사람이 앞으로 쏠리며 위험한 순간을 경험했다. 이때 친구의 아버지는 비릿한 미소와 함께 이렇게 외치셨다.

"에라이. 예수 믿고 천국이나 가라!"

시간이 한참 지난 지금의 나는 그날 입대하는 친구와 어떤 추억이 있었는지 아무것도 기억하지 못한다. 그러나 그 대사만은 아직까지 잊히지 않는다. 당연히 육두문자와 분노라는 감정을 마주할 줄 알았는데, 주어진 반전이 너무 강렬했다. 그리고 가끔 나를 둘러싼 언어들이 흑색으로 물들어지려 할 때면 일부러 그 장면을 떠올린다. 우리는 타인을 그

—

리고 상황을 통제할 수 없다. 그러나 내 '말'은 통제할 수 있다. 그 한마디 말로 인해 누군가는 나와 연결될 수도 있고, 누군가는 세상을 달리 보았을 수도 있다.

나의 이웃은 누구인가

살다 보면 마음의 지축을 뒤흔드는 글귀를 마주할 때가 있다. 내게도 있었다. 개척 직후 마주한 마음의 번민 아래, 무엇엔가 홀린 듯 책장에 있던 '유진 피터슨'(Eugene H. Peterson) 목사님의 책을 집어 들었다. 그렇게 읽어 가던 중 마주친 어떤 문장이 마음을 내리쳤다. "목사는 성도를 고르지 않는다. 보내 주신 이가 당신의 성도다." 한동안 먹먹한 가슴을 부여잡고 내적 울음을 삼킬 수밖에 없었다.

교회 밖 사람들마저도 잘 알고 있는 '선한 사마리아인의 비유'를 알 것이다. 한 율법 교사가 예수님을 시험하기 위해 영생을 얻으려면 무엇을 해야 하느냐고 물었다. 이에 예수님은 율법에 무엇이라 기록되었으며 그가 어떻게 읽는지를 반문하셨다. 이때 그의 대답이 모두 아는 그것, 즉 "하나님을 사랑하고 이웃을 내 몸같이 사랑하는 것입니다"이다. 예수님은 그 말이 옳다 하며 그대로 행하라고 하셨다. 그러자 그는 자신은 이미 잘 지키고 있다는 것을 뽐내기 위해 재차 물었다. "그러면 내 이웃이 누구입니까?"

이에 대한 예수님의 대답이 바로 '선한 사마리아인의 비유'였다. 그런데 이 비유를 들은 뒤 청중들은 경악했다. 거룩의 상징인 '제사장'과 제사장의 자매품 같은 자들로 당시 민중의 구호 역할을 담당하던 '레위인'이 강도에게 당한 상해 탓에 죽어 가던 유대인을 외면했다. 그러나 얽히고설킨 역사적 맥락으로 인해 유대인들이 도무지 사람 취급하지 않던 '사마리아인'이 그를 구했다. 단 한 번도 이웃으로 생각해 보지 않은 자가 유대인을 구했고, 그 이후의 치유 과정마저도 책임졌다. 예수님은 이런 전복적 비유를 마치며 그 율법 교사에게 되레 반문하셨다. "너는 이 세 사람 가운데서 누가 강도 만난 사람에게 이웃이 되어 주었다고 생각하느냐?" 그는 대답한다. "자비를 베푼 사람입니다." 이에 예수님은 명하셨다. "가서, 너도 이와 같이 하여라."

—

'타락'은 하나님과 하나님의 형상의 관계를 끊어 놓은 것만이 아니었다. 하나님의 형상이라 불리는 이들끼리의 관계도 끊어 놓았다. 그래서 아담과 하와의 한 몸 분리 사건 이후 인간들은 끊임없이 나와 너를 가르고 그 사이에 경계를 친다. 가인의 삶이 그 예표다. 동생을 쳐 죽인 후 자신도 죽을 수 있다는 소멸하지 않는 불안에 휩싸인 가인은 끊임없이 도피하는 삶을 산다. 그러나 어쩔 수 없이 정착하게 되었을 때, 그가 가장 먼저 한 일은 '성을 쌓는 것'(창 4:17)이었다. 직역하면 '경계를 치다'이다. 그렇게 타락한 인간은 늘 경계를 친다. 이미 존재하는 심리적 경계가 물리적 경계로 발현한 것뿐이다. 그러나 자신을 지키기 위해 만들어 낸 모든 경계가 역설적으로 평안을 빼앗는다. 경계 밖의 모든 존재는 결국 다 나를 위협할 '적'이기 때문이다. 그렇게 경계 안에는 고독과 불안만 남는다. 그러나 지치지도 않고 인간들은 경계를 두르며 '이웃'의 개념을 스스로 소멸시켜 왔다. 이런 맥락에서 율법사는 묻는다. "내 이웃은 누구입니까?" 이에 대해 선한 사마리아인의 비유로 화답하신 예수님, 그분께서 남기시고자 했던 대답은 매우 간단하다. "이웃이 아닌 자는 없다. 네가 만난 누구라도 네 이웃이니, 그저 사랑하라."

시몬 베유(Simone Weil)는 말한다. "사랑은 삼키거나 소유하는 것이 아니라 바라볼 능력에 의해 특징지어진다. 사랑은 타자를 타자로 인식하는 것이다." 앞서 나를 전복시켰던 유진 피터슨의 글귀, 그 문장은 '목사'를 주어로 하고 있지만, 목사 역시 그저 그리스도인의 하위 카테고리 중 하나일 뿐이기에 주어를 '그리스도인'으로 바꾸더라도 의미는 통할 터이다. 그래서 이렇게 말할 수 있다. '그리스도인은 사랑받을 사람을 고르지 않는다. 보내 주신 이가 당신이 사랑할 사람이다.' 정말 그러하다. 오늘 내가 마주하고 있는 그이가 바로 내가 사랑해야 할 내 이웃임에 틀림없다.

—

입김의 신비

홀로 밥을 먹어야 할 때 종종 들르는 집 앞 돈가스 가게가 있다. 코로나가 한창이던 어느 날, 약간 늦은 점심을 홀로 먹기 위해 그 가게에 들렀었다. 그런데 다녀간 지 얼마 되지 않은 것 같은데 그사이에 바뀐 게 하나 있었다. 물론 사장님도, 메뉴도, 인테리어도 그대로였다. 다만 입구 앞에 못 보던 기계 하나가 서 있었을 뿐이다. '키오스크.' 낯설었지만 이상하진 않았다. 다른 곳에서도 자주 마주했던 기계였기에 어렵지 않게 주문을 한 뒤 착석했다.

그런데 누군가에게는 작은 변화가 아닌가 보다. 주문한 음식이 나와서 밥을 한 숟가락 떠 넣으려는 순간, 입구 문이

열리며 60대로 보이는 한 남성분이 홀로 들어오셨다. 그런 가 보다 하며 이내 관심을 끄려 했으나, 그가 바로 내 옆 빈 테이블에 앉았기에 그 존재를 소멸시킬 수는 없었다. 그런 데 1분 정도 지났을 즈음, 가게 점원이 오더니 말한다. "주문은 기계를 사용하셔야 합니다!" 쌀쌀맞지 않은, 그렇다고 따뜻하지도 않은, 딱 '기계음'이라 부르면 적당해 보이는 그런 음조의 안내였다. 이에 그분은 멋쩍게 "아, 그래요?" 하고는 자리에서 일어나 입구 쪽의 키오스크 앞에 서셨다. 그런데 손가락을 들고 머뭇거리며 잠시 기계를 응시하더니, 이내 바로 옆에 있는 출입문을 열고 나가셨다. 그 길로 다시 돌아오지 않으셨다.

씁쓸했다. 내 아버지와 비슷한 연배로 보였기에 그랬을 수도 있다. 아니면 '홀로' 밥을 먹는 것이 이미 약간의 눈치인데, 이 늦은 점심시간에 또 다른 곳을 찾아 배회해야 하는 그의 초라함이 뭔지 알 것 같아서일 수도 있다. 그것도 아니라면, 나는 아무렇지도 않게 주문해서 밥을 먹은 이 자리가 마치 강요된 생존 경쟁에서 이긴 자처럼 느껴졌기에 그랬나보다. 내겐 그저 작은 변화에 의한 '낯섦' 정도였지만, 누군가에게는 삶의 '전복'일 수도 있어 보인다.

그런데 과연 내게도 작은 변화일 뿐일까? 기술의 발달과 인건비 감경을 위해 등장하기 시작한 키오스크는 코로나가 강요한 비대면 문화를 힘입어 우리 삶 전반에 일반화되었다. 앞선 그 어르신도 불편함을 감내하고 결국 적응해야만 할 터이다. 먹고살아야 하니까. 그러나 우리가 마주하는 모든 일상에 이런 작은 변화들이 적층된다면 어떠할까? 인간들과의 접촉보다 생명력마저 없는 기계들과 마주함의 일반화는 분명 큰 변화를 일으킬 것이다. "You are what you eat", 즉 "네가 먹는 것이 곧 너이다"라는 격언이 있다. 내가 항상 마주하기에 항상 만지고, 항상 보고, 항상 맡고, 항상 듣고, 항상 만나는 것이 있다면, 그것은 곧 나다. 내가 그것을 만드는 게 아니라 그것이 나를 만들어 간다.

　다행인 건 사람이 본능적으로 사람 냄새를 그리워한다는 점이다. 태어나서부터 디지털 기기와 함께 자라난, 일명 '알파 세대'라고 불리는 이들이 누구보다 오프라인을 통한 감각적 경험을 지향한다는 보고가 있다. 그 보고가 전달하는 메시지가 묵직하다. 이처럼 우리 안에는 자기 존재 인식을 잃어버리지 않으려는 본능적 추구가 항상 충만하다. 이러한 존재적 항상성이야말로 인간에게는 영혼이 분명히 있다는 증거임이 틀림없다.

아이가 넘어져서 울고 있노라면 어느새 부모가 달려온다. 부모가 가장 먼저 하는 일은 치료가 아니라 그저 '안아 주는 것'이다. 그 후 상처를 확인한다. 그런데 또다시 치료가 아니라 또 다른 의식을 치른다. '후~' 하며 상처에 입김을 분다. 소독과 약이 필요함을 알고 있지만, 자신도 모르게 그렇게 한다. 그런데 그 입김에 마치 신비한 능력이 깃들어 있는 듯하다. 아이는 점차 울음을 그친다.

성인이 되어서도 우리는 계속 넘어진다. 그래서 계속 상처를 입는다. 그렇다면 아무리 어른이 된 우리라도 신비는 필요하다. 우리에게도 그저 달려와 먼저 안아 줄 사람이, 먼저 입김을 불어 줄 사람이 하나 정도는 필요하다. 병원이 없어서가 아니라, 사람이 없어서 곪는다. 그것이 인간이다. 슈바이처(Albert Schweitzer)의 말이 처연히 다가온다. "주위에 사람들이 이렇게나 많은데도 우리는 외로움으로 죽어 가고 있다."

병원이 없어서가 아니라,
사람이 없어서 곪는다.
그것이 인간이다.

—

믿음대로 산다

혹시 이유 없이 누군가에게 맞아 본 경험이 있는가? 나는 있
다. 또렷이 기억나는 것만 해도 세 번이다. 모두 비슷한 상
황이었는데, 공교롭게도 가해자는 모두 동일 인물이다. 범
인은 내 아내였다. 어느 날 아침, 상쾌하게 일어났는데 일
어나자마자 등짝을 몇 대 맞았다. 내게는 굳센 믿음이 있
다. '여자는 틀릴 수 있지만, 아내는 절대 틀리지 않는다.' 때
문에 분명 내가 뭘 잘못한 게 있어서 맞았을 것이라는 확신
이 들었다. 그래도 궁금하기에 여쭈었다. "어찌 그러하십니
까?" 그랬더니 간밤의 꿈에서 내가 바람을 피웠다고 한다.
순간 표정 관리가 안 될 뻔했으나 재차 정신 줄을 부여잡고

"내가 잘못했네. 꿈에서라도 그러면 안 되지!"라며 용서를 구했다. 굳센 믿음은 이렇게 한 인격의 육체와 정신을 지배한다. 우스갯소리지만 우스갯소리가 아니다. 믿음은 실제로 그 어떤 논리나 단서, 상황을 초월하여 대상을 신뢰하게 한다. 무엇보다 그 믿음대로 산다.

그리스도인들은 '복음'이라고 부르는 바를 믿는다. 그리고 복음은 '하나님은 사랑이시다'라는 명제로부터 시작한다. 그가 사랑이기에 사랑을 나눌 대상으로서 인간을 창조하셨고, 이어서 세상을 만드셨으며, 타락이라는 불가역적인 최악의 상황에서도 끝내 십자가를 통해 구속하셨다. 기독교의 정통 신학을 정립한 아우구스티누스(Aurelius Augustinus)는 이러한 기독교 믿음의 토대인 '하나님은 사랑이시다'를 '삼위일체'라는 신학적 명제로 표현했다. 또한 이 명제를 뒤집어 '사랑은 하나님이시다'라며 일상의 개념으로 표현하기도 했다.

그렇다면 '하나님의 형상'이라 불리는 이들 역시 마찬가지다. 이들은 사랑이고, 사랑이 필요하다. 누군가 '산소'라는 어감이 싫다고 마시기를 거부한다면, 그는 부정하기 전에 죽을 수밖에 없다. 마찬가지로 '사랑'을 거부하며 인간으로 존재하려는 것은 형용 모순이다. 나아가 그렇게 사랑으로 존재할 때야 비로소 행복, 즉 '구원'에 이를 수 있다. 그래서 사랑하면 이미 천국을 살게 되고, 미워하면 이미 지옥을 살게 된다. 죽음 이후에는 사랑 이외의 것은 모두 사라진 완성된 하나님 나라를 사는 것뿐이다. 나중은 현재의 연장인 것이다. 그리스도인들은 이를 믿는다. 그러나 우리에게 주어진 삶은 매정하기만 하다. 이 땅은 창조된 대로의 '낙원'이 아니라, 그 원형이 깨질 대로 깨진 '실낙원'이기에 그렇다. 이처럼 타락 위에 있다는 것은 끊임없이 사랑을 앗아가려는 터전 위에 있다는 뜻과 같다.

하지만 믿음이 그것을 뒤집는다. 그런데도 사랑하게 한다. 그런데도 그렇게 보게 만들어 부득불 그렇게 살아가게 하는 게 믿음이다. 여전히 들려오는 소리가 너무 번잡스러워 도무지 사랑하고 싶지 않을 때가 태반이다. 그러나 믿음이 그저 닥치고 사랑하게 만든다. 그래서인지 에리히 프롬은 《사랑의 기술》(문예출판사 역간)에서 이렇게 말한다. "사랑은 신앙의 작용이며 따라서 신앙을 거의 갖지 못한 자는 거의 사랑하지 못한다." 이처럼 사랑은 믿음의 작용이다. '믿음'이 그 나라를 비춰 줌으로 이 처참한 실낙원에서도 끝까지 '소망'하게 만들고, 결국 사랑하게 한다. 그리고 결국 '사랑'만

남는다.

　난해한 듯하지만, 이미 우리는 믿음으로 사는 중이다. 그저 종이일 뿐이고 플라스틱일 뿐인데도 거기 적혀 있는 숫자에 가치를 투영하며 경제생활을 하는 게 우리 현대인들의 모습이 아니던가? 아마도 과거 사람들이 이 모습을 봤다면 경악했을 것이다. 마찬가지다. 내가 사랑하기 위해 태어난 존재, 사랑받기 위해 태어난 존재라는 믿음이 오늘도 나를 그 자리로 몰고 갈 것이다.

아픔이 길이 되려면

아이폰(iPhone)으로 유명한 세계 최고의 회사 애플(APPLE). 이
회사의 로고가 호기심을 자극한다. 브랜딩 스토리를 엿보니
초창기의 로고는 로고라기보다 그림과 가까웠음을 알 수 있
었다. 뉴턴(Isaac Newton)이 '만유인력의 법칙'을 발견하게 된 계
기인 떨어지는 사과 그림 말이다. 아마도 혁신의 이미지를
위해 그 장면을 빌렸을 것으로 추정된다. 그 후 조금 시간이
흘러 현재의 것과 비슷한 모양의 한 입 베어 문 사과 이미지
로 바뀌게 되었다. 그리고 이는 단지 회사명인 'APPLE', 즉
'사과'를 각인시키기 위함이었다고 한다. 그 후로 색상의 변
화는 있었을지언정, 한 입 베어 문 사과의 형태는 지금까지

유지되고 있다. 그리고 현재 애플은 세계 최고의 회사일 뿐 아니라, 혁신의 아이콘이자 최고의 브랜드로서 만인의 워너비로 군림하는 회사가 되었다.

나 역시 애플의 기기들을 애용한다. 그런데 그렇게 개인적으로는 애플 생태계에 잠식되며, 또한 사회적으로는 애플사가 그와 같은 세계 최고의 기업이 되어 가는 과정을 보며 애플사의 로고가 조금 다른 의미로 다가오기 시작했다. '선악과', 즉 신을 거부하고 인간 스스로 신이 되겠다는 의미로 최초의 인간이 한 입 베어 물었던 징표로서의 과일 말이다. 물론 로고의 연원이나 브랜딩의 과정을 추적해 보니 거기에는 어떠한 종교적 의미도 담겨 있지 않았다. 하지만 내게는 그렇게 보인다.

아이폰을 필두로, 그들이 만들어 낸 'i'라는 접두사가 붙은 애플의 제품들을 통해 세상은 점점 뒤바뀌었다. 의도한 건지 아닌지는 모르겠지만, 그들은 단지 '기계'가 아니라 새로운 사회, 새로운 시대정신을 만들어 냈다. 일명 'i-사회'. 이로 인해 어디에도 속박되지 않으려는 개인주의적 경향이 점점 심화되었다.

물론 누군가는 반론을 제기할 수 있다. 이러한 기술과 장

비로 인해 과거 어느 때보다 훨씬 관계적 확장을 꾀할 수 있게 된 것이 아니냐고 말이다. 그러나 그 '확장'은 도리어 관계에 대한 '확신'을 무너뜨렸다. 자신을 중심에 두는 'i' 사회로의 전환은 관계에 있어 '지금 같이 있는 이 사람 말고 다른 사람과 있을 때 더 행복할 수 있지 않을까?'라는 질문으로 되돌아왔다. 마치 하나님과 같이 된다는 유혹 앞에 선악과를 한 입 베어 물어 버려 하나님을 지우고 자신만 남게 된 것처럼, 타인들 역시 지워지고 나만 남게 되었다. 아니, 나라는 존재도 지워지는 게 현실인 듯하다.

김승섭 교수의 《아픔이 길이 되려면》(동아시아)이라는 책이 있다. 책 마지막 부분에는 한 가지 재미있는 사례가 나온다. 1960년대 미국 펜실베이니아에 이탈리아 출신의 이민자들이 조성한 '로세토 마을' 이야기다. 의사들은 당시 폭발적으로 증가하던 미국 전역의 심장병 사망률과는 달리, 유달리 이 마을만 심장병으로 죽은 사람이 없다는 사실을 발견했다. 고작 1.5킬로미터밖에 떨어지지 않은 인근의 이탈리아 이민자 마을과 비교해도 너무 차이가 나기에 이는 인종의 문제가 아니었다. 그래서 의문을 가지고 연구하기 시작했지만, 좀처럼 데이터로 확인할 수 있는 결론이 없었다. 다만 알게 된 건, 그 마을의 분위기가 조금 다르다는 것 정도였다. 그 마을의 지도자인 '니스코 신부'가 마을의 교육 수준이나 정치의식, 마을 정비를 위해 노력하였고, 무엇보다 마을 고유의 공동체 문화를 만들어 갔기 때문이다. 서로가 별개의 사람이 아니라, 마을 사람들 모두가 한 형제자매라는 의식 말이다. 이로 인해 누군가 경제적으로 파산하면 도왔고, 누군가 장례가 나면 그 아이들을 마을 사람들이 보살피는 암묵적인 문화가 형성되었다.

소수의 학자는 이 차이에 주목했다. 혹시 이런 '공동체성'이 심장병 발병률을 낮추는 원인이 아니었겠느냐고 생각한 것이다. 물론 데이터로 말하는 학계에서 무시될 수밖에 없는 주장이었다. 그러나 30여 년간의 추적 연구 끝에 '공동체성'이 바로 그들을 건강하게 살게 했던 요인임을 확인받게 된다. 그렇다면 저자가 이 사례를 언급한 요지는 무엇일까? 인간은 누구나 아플 수밖에 없되, 사람이 그리고 그 사이에 피어나는 사랑이 아픔에 길을 낸다는 것이 아닐까?

—

사람은 숫자의 모습을 하고 있지 않다

한 명의 성도로 있을 때, 혹은 한 명의 부교역자로 있을 때는 보이지 않았는데 담임 목회를 하다 보니 알게 된 것이 있다. 그때는 개인의 문제라고 생각했던 것 중 대다수가 구조나 시스템의 문제일 수도 있다는 점이다. 탑 리더의 위치에서 교회 전반을 바라보다 보니, 사람들은 생각보다 많이 구조나 시스템의 영향을 받는다는 것을 깨달았다. 결국 그 집단에 있다면 마이크를 잡고 말하는 이의 반복적 메시지에 생각의 패턴이 생기고, 교회가 이미 세팅해 놓은 구조적 패턴의 연장선상에서 생각하려는 경향성이 강해진다.

사회도 마찬가지다. 그게 성공과 같은 긍정적인 것이든

실패와 같은 부정적인 것이든, 생각보다 구조와 시스템 그리고 주류적 언사의 영향을 많이 받는다. 예를 들어, 레오나르도 다 빈치(Leonardo da Vinci), 미켈란젤로(Michelangelo Buonarroti) 등 르네상스의 천재들이 동시대에 쏟아져 나온 것은 그 자신들의 천재성이라는 이유에만 그치지 않는다. 전방위적으로 예술적 투자에 최선을 다하던 메디치 가문(Medici family)의 물리적 지원과 문화 향유를 향한 당대 사람들의 열망이 있었기 때문에 천재들이 튀어나왔다. 반대도 마찬가지다. 예를 들어, 누군가 물에 빠져서 흘러내려온다. 그것은 그의 실수일 수 있다. 그런데 만약 이런 일이 반복된다면, 그것은 떠내려오는 사람들의 문제가 아니라 상류 어느 지점에 무슨 문제가 있는 것이다.

우리는 물어야 한다. 왜 이리 아프고 불행한 사람이 많을까? 그리고 왜 점점 많아질까? 이 역시 구조와 시스템, 혹은 지배적 가치의 문제다. 그리고 우리 시대의 지배적 시스템이자 가치라면 서슴없이 이 둘을 꼽을 수 있다. '과학'과 '자본주의', 곧 사람들이 가장 신뢰하며 우리네 실생활에 가장 큰 영향을 미치고 있는 세계관들이다. 그런데 전혀 다른 영역으로 보이는 이 둘은 굉장히 흡사하다. 결국 둘 다 '숫자'

라는 언어를 사용한다. 과학은 모든 것을 숫자의 결합과 수식으로 표현한다. 자본주의 역시 마찬가지다. 다만 과학이 그냥 숫자라면, 자본주의의 숫자는 돈의 가치가 담긴 경제적 숫자라는 차이일 뿐이다. 우리 각자의 목숨값마저도 숫자로 기록되어 있는 것이 부정할 수 없는 현실이다. 그렇게 우리 시대는 어느 누구에게나 '계산기'를 들이민다. 당신의 숫자는 무엇인가?

숫자는 잘못이 없다. 오히려 명료하다. 하지만 문제는 이 숫자를 가지고 비교하며 서열을 매길 때다. 세모와 동그라미 사이에 우열을 매길 수는 없지만, 1과 2를 비교하여 서열을 매기는 건 누구나 할 수 있다. 결국 숫자로 표기되는 인생이란 쉴 새 없이 비교되며 서열이 매겨지는 삶을 의미한다. 그래서인지 철학자 칸트(Immanuel Kant)는 사물과 사람의 차이를 '가격'을 매길 수 있는가의 차이로 설명하곤 했다. 가격을 갖는 것은 서로 비교할 수 있고, 심지어 다른 것으로 대체할 수 있다는 뜻이다. 따라서 누군가의 가치를 숫자로 평가하고 계산하며 비교한다면, 그 자체로 이미 그 대상은 사람이 아니라 사물이다.

우리는 사람이다. 그런데 누군가가 지속적으로 사물 취

급을 받는다면, 나아가 이게 전사회적으로 구조화되어 버린 전제라면, 그 구조 안에서는 어떤 사람도 자존감을 유지할 수 없다. 자기 존재 부정의 흐름 속에서 자기 존재를 긍정할 수 있는 자는 없는 법이다. 그 안에서는 고작 자신에게 낮은 값어치가 매겨질까 안절부절못하며, 자신의 위치와 서열을 끊임없이 확인하는 발버둥밖에 이루어질 것이 없다. 그래서 이처럼 아픈 이들이 많은 것이 아닐까? 사물과 사물 사이에서는 어떠한 사랑도 꿈꿀 수 없기에 말이다.

비교할 수 없는 존재가 되고 싶다면, 가장 먼저 자신의 삶에서 숫자를 지워야 할 것이다. 삶의 가장 중요한 것은 숫자가 담을 수 없는 것들에 있다. 타인을 대하는 것 역시 그러하다. 평가와 계산, 비교가 아니라, 있는 그대로의 가치를 인정하려는 것 말이다. 우리는 숫자가 있기 이전에 존재했다. 숫자가 입혀지기 전에 그 역시 존재했다.

—

사람은 무엇으로 사는가

막 등산을 시작했던 때는 주변 경관이 전혀 눈에 들어오지 않았다. 목적지를 향한 일사각오의 일념밖에 없었고, 그렇게 오르며 내뱉는 거친 호흡 속에 피어나는 비릿한 피 냄새에 주목하는 게 다였다. 이처럼 처음에는 생존하는 게 문제였다. 그런데 조금씩 산행이 편해지자 오르내리는 길의 경치가 보이기 시작했고, 오가는 다른 등산객들의 모습도 눈에 들어오기 시작했다. 그러다 보니 다들 '등산 스틱'을 들고 다닌다는 사실이 눈에 들어왔다. 그리고 의문이 들었다. '그렇게 높지 않은 산인데 왜 스틱이 필요할까?' 처음에는 뒷산을 오르더라도 히말라야에 오를 법한 복장을 갖추는 한국

—

인들 특유의 허세라고 여겼다. 가격을 보니 더 확신이 들었다. 하지만 모두들 스틱을 사용하는 모습을 보자 생각이 바뀌었다. 다들 가지고 다니는 이유가 있겠지 하는 마음에 말이다. 그래서 큰맘 먹고 구매했다. 그런데 저렴한 제품이어서 그런지 몰라도 무게감이 상당했기에 그렇게 사 놓고도 한동안 사용하지 않았다. 그러던 어느 날, 문득 너무 아깝다는 생각이 들어 처음으로 스틱을 들고 산행에 나섰다.

산행할 때의 아내는 특징이 있다. 하산 길에는 말이 매우 많다. 그런데 산을 오를 때는 한마디도 하지 않는다. 과장이 심했다. 살아 있으니 간혹 한마디씩 하기는 한다. "에고! 나 죽겠다!" 그런데 등산 스틱을 개시한 그날에 신비를 보았다. 오르막길에서도 아내가 말을 하는 것이다. 나 역시 평소보다 훨씬 여유를 느꼈기에, "이 정도면 백두산도 가겠다!"라며 허세를 부렸다. 신세계였다. 그간 잘 몰랐을 때는 등산 스틱이 그저 하나의 옵션일 뿐이고, 심지어 허세라고까지 생각했다. 그런데 써 보니 이건 충분조건이 아닌 필요조건이었음을 확실히 깨달았다.

러시아의 대문호 레프 톨스토이(Leo Tolstoy)가 남긴 《사람은 무엇으로 사는가》라는 단편 소설은, 쉽고 간결한 이야기를 통해 제목이 묻고 있는 이 철학적 질문에 답한다. 소설은 근근이 살아가던 구두 수선공 시몬을 주인공으로 한다. 어느 추운 날, 술에 거나하게 취한 채 수금에 실패한 자신의 삶을 비관하며 집으로 돌아가던 그는 교회 앞 담벼락에 기대 있는 벌거벗은 사람을 본다. 잠시 갈등했지만, 끝내 자기 외투를 그 낯선 이에게 입히고, 심지어 집으로 데려온다. 수금도 못한 채 낯선 사람을 데리고 온 남편을 몰아세우던 그의 부인 역시 결국 낯선 이에게 음식을 제공하고 재운다. 낯선 이는 그간의 사연을 함구한 채 단지 자신의 이름이 '미하엘'이라는 것 정도만 알린다. 이 부부는 상의 끝에 미하엘을 거두었고, 그는 시몬의 조수로 일하게 된다.

이후 수많은 사건이 있었다. 그리고 6년이 지난 어느 날, 미하엘은 사실 자신이 천사 '미카엘'이라고 고백한다. 자신이 이런 처지가 된 것은, 하나님께서 아이 하나를 데려오라고 하셔서 갔으나 아이 엄마의 애원 앞에 명령을 어길 수밖에 없었던 게 발단이었다고 한다. 이에 하나님께서는 그에 대한 벌로 세 가지 질문의 답을 찾을 때까지 돌아오지 말라며 그를 이 땅에 내려보내셨다는 것이다. 그리고 지난 6년간의 삶을 통해 드디어 그 질문들에 대한 답을 모두 얻었다고 한다.

첫 번째 질문은, '사람의 마음속에 무엇이 있는가?'이다. 그는 자기 처지도 남루하기만 했던 시몬이 그 추운 날 자신에게 옷을 벗어 줬고, 집으로 데려갔고, 부침이 있었으나 결국 이 부부가 자신을 먹이고, 재우고, 친절을 베푼 것을 보고 거기서 답을 얻었다고 한다. 즉 사람의 마음속에는 '사랑'이 있음을 깨달았다. 두 번째 질문은, '사람에게 허락되지 않은 것은 무엇인가?'이다. 이는 그가 시몬의 조수로 일하던 중 우연히 만난 손님에게서 답을 얻었다고 한다. 그 손님은 1년간 신어도 끄떡없는 구두를 주문했다. 그런데 그날 그가 세상을 떠났다는 소식이 들려왔다. 이로써 사람에게는 '자신의 운명을 아는 것'이 허락되지 않았다는 답을 얻을 수 있었다. 마지막 질문은, '사람은 무엇으로 사는가?'이다. 그는 어느 날 어린 쌍둥이의 구두를 주문하러 온 어느 부인을 만났다. 그런데 알고 보니 그 쌍둥이의 친부모는 죽었고, 이웃이었던 이 부인이 그들을 친자식처럼 키우고 있었던 것이다. 이를 통해 '사람은 사랑으로 산다'는 답을 얻게 되었다. 이렇게 세 가지 질문에 대한 답을 얻은 미하엘은 '모든 사람은 자신에 대한 걱정이 아닌 사랑으로 살아간다'는 진리를 설파한 뒤 하늘로 승천하여 하나님 곁으로 돌아간다.

'사랑'이라는 게 그렇다. 마치 산행 중 언제나 보이는 등산 스틱처럼 너무도 익숙한 개념이나, 실제로 사용해 보기 전까지는 무겁고 비싸게만 느껴지는 옵션 정도로만 보인다. 그러나 사랑은 사람에게 있어서 본질이다. 그 사랑이 우리를 완전히 인간으로 태어나게 한다. 사랑이 우리를 악과 고통의 문제로 가득한 이 세상에서도 살게 한다. 그리고 그 사랑이 우리를 하나님 나라로 데려간다. 에리히 프롬의 말이 뼈저리게 다가온다. "현대 생활에서 가장 애석한 점은 사람들이 대부분 완전히 태어나기도 전에 눈을 감는 것이다."

"사람은
무엇으로 사는가?"

"모든 사람은
자신에 대한 걱정이 아닌
사랑으로 살아간다."

하나님은 왜 개입하지 않으시는가

아무리 노력해도 좀처럼 나아지지 않는 현실의 무력함 앞에 서노라면, 혹은 지속되는 실패와 그로 인한 좌절에 무너지노라면, 사람들은 깜깜하기만 한 정면으로부터 하늘로 시선을 돌린다. 그리고 원망한다. '하나님은 도대체 왜 개입하지 않으시는가?' 내 삶의 여정에도 몇 번이나 있었던 질문이다. 나를 주어로는 과거형으로 언급했지만, 내 주변 어떤 이들에게는 현재형 질문이기도 하다. 사실 나도 궁금하다. '도대체 왜 그러시는가?'

'탕자의 비유'만큼 감격을 자아내는 이야기도 없어 보인다. 호의가 계속되면 권리인 줄 알았던 둘째 아들은 아비의 생전에 뻔뻔히 유산을 요구했다. 당시 문화에 의하면 뻔뻔함을 넘어서 백주대낮에 아비에게 사회적 사형을 선고한 것과 진배없다. 그는 죽어야 마땅했다. 그러나 아비는 이 버러지보다 못한 자에게 그의 몫을 유산으로 넘겨준다. 그리고 그는 유산을 가지고 멀리멀리 떠난다. 그러나 그곳에서 모든 것을 탕진한 뒤 더 이상 추락할 곳이 없어지자 그제야 그는 아비를 떠올린다. 그리고 마침내 용기 내어 돌아온다. 이제나저제나 아들이 돌아오기만을 기다리던 아비는 멀리서 오는 그의 모습을 보자마자 버선발로 뛰쳐나가 그를 안아 주고, 받아 주고, 아들로서의 모든 자격을 되돌려 주며 잔치를 벌인다.

이 이야기에서 아비는 사실상 아무것도 하지 않았다. 오히려 그는 '불의함'을 행했다. 그래서 첫째 아들이 뒤늦게 아비에게 따졌던 것이다. '그를 받아 주는 것이 과연 의로운가? 오히려 유산을 요구했던 그때 그를 처단해야 했던 것이 아닌가?' 굳이 계산기를 두드려 보지 않아도, 법적 의미를 소환하지 않더라도 분명 아비의 개입은 불의하다. 그래서인지 팀 켈러(Timothy J. Keller)는 이 아비를 가리켜 '탕부 하나님'이라고 지칭한다. 매우 적절한 표현이다.

———

그러나 개입의 부재가 그의 '무심'을 의미하는 것은 아니었다. '무위'를 의미하는 것도 아니었다. 아비는 불의하다고 불리는 그 순간에도 이미 적극적으로 행하고 있었다. '기다림'이 그것이다. 전능자는 스스로 당신의 능력을 짓누르며 기다리고 계셨다. 당신이 관여하는 순간 세상 모든 것은, 모든 생명은 정지해 버리기 때문이다. 그건 종말이다. 그래서 그분은 당신의 모든 능력을 동원하여 기다리고 계신다. 좀처럼 계산기를 꺼내지 않으신다. 그래서인지 그의 사랑은 언제나 비대칭적이다. 그분은 항상 내가 반응할 수 있는 사랑보다 더 큰 것을 주신다. 그리고 돌려받지 못하신다. 불의하기만 한 게 아니라 어리석기까지 하시다.

악한 영이라 불리는 존재에게 '기다림'은 없다. 그들은 언제나 계산기를 꺼내지 못해서 안달이다. 그리고 인간 앞에 언제나 '계산기'를 가져다주며 그로 하여금 자신이 그동안 했던 것을 떠올리게 만든다. 본전 생각나게 만드는 것이다. 그럼으로써 인간을 늘 조급하게 만든다. 그러나 계산해 보면 결과는 항상 같다. 타인의 사랑은 항상 내가 기대했던 것보다 작고, 내가 주었던 것은 그에 비해 항상 크다. 그래서 분노하게 만들고, 아비를 원망하게 만든다. 하지만 아비가 보여 주었던 사랑은 처음부터 비대칭적이다. 그리고 최선을 다해 기다려 주는 것이었다. 그게 그분의 사랑 방식이다.

—

가장 사랑하기 어려운 이들

언젠가 아내와 아이들과 함께 집에서 '마리오 카트'라는 레이싱 게임을 하다가 울컥했던 기억이 있다. 신기록을 세웠기 때문이 아니다. 화면에 몰두하던 중 문득 화면 밖의 아내와 아이들이 일렬로 앉아 있는 장면이 눈에 들어왔기 때문이다. 평소와 다를 바 없는 모습이었으나, 각자의 앞에 뜯긴 과자 봉지가 도열해 있고, 아이들은 즐겁게 웃고 있고, 무엇보다 아내가 지나가는 소리로 "가족은 이렇게 함께하는 거야"라고 했다. 이때 내 어린 시절이 주마등처럼 스쳐 지나갔다. 가족과의 여행은 고사하고 여가조차 보내 본 적 없던 그 시절 말이다. 무언가 그때의 상처와 아쉬움을 보상받는 느껴이 들어 울컥했던 것 같다. 그러고 보면 과거의 상처가 두고두고 자신의 정서를 잡아먹는 경우도 있지만, 반대로 그 상처가 반면교사로서 더 나은 삶을 추구하게 하기도 하는 것 같다.

'아빠'라는 말은 보통 아이들이 자기 부친을 친근하게 부르는 표현이다. 물론 아이들만의 전용어는 아니다. 인생 4학년이나 된 내 아내 역시 아직도 부친을 '아빠'라 부른다. 만약 내 아내가 그분을 '아버지'라고 한다면, 이건 분명 무슨 일이 난 게 틀림없다.

이처럼 부친을 의미하는 '아빠'라는 말이 성경에도 등장한다. 예수님이 가르쳐 주셨던 기도의 첫 단어는 'father', 즉 '아버지'로 시작한다. 그리고 그때 예수님이 실제로 하셨던 발음은 '아바'(Abba)이다. 그 의미와 뉘앙스가 우리의 그것과 정확히 일치하지는 않을 것이다. 하지만 그 이역만리 땅에서조차 부친을 부르는 뜻으로 사용되던 그 말이 내 인생에서는 생각보다 빨리 사라졌다. 초등학교 4학년 때부터 나는 부친을 '아빠'가 아닌 '아버지'라고 부르기 시작했다. 아마도 이 두 표현의 미묘한 차이를 인식했던 게 그때쯤 같다. 누가 시키지 않았음에도 나는 왠지 '아빠'가 아닌 '아버지'라고 불러야 할 것 같았다. 그리고 이 표현의 전환은 생각보다 내 삶에 큰 변화를 가져왔다. '아버지'라고 부른 이후부터 그분과의 대화 역시 거의 이루어지지 않았으니 말이다. 그분이 하명하시면 그저 들을 뿐이었지, 내 생각이나 감정을 얘기해 본 적은 없었다.

옛사람인 그분의 교육 방식은 일관성이 별로 없었다. 또한 예전 목사님들이 그러했듯, 신앙적 이유로 모든 동시대적 문화를 금하셨고, 게다가 돈마저 없었기에 요청하는 모든 것들은 당연히 거절당했다. 그래서인지 언제부턴가 요청 자체를 하지 않게 되었다. 거절이 두려웠다. 그렇게 내게 아버지는 일종의 무서운 감시자이자, 무조건 복종해야 하는 분이었다. 그런데 보통 자기 아버지에 대한 감상이 하나님 아버지라 불리는 분에게도 고스란히 전이되기 십상이다. 나 역시 그러했다.

시간이 꽤 흐른 지금은 하나님에 대한 오해를 어느 정도 극복했다. 말씀을 깊이 묵상하다 보니, 내 아버지상과 하나님 아버지는 매우 다르다는 것을 깨달았기 때문이다. 그리고 한 가지 이유가 더 있다. 언젠가부터 아버지가 보여 준 거칠고 투박하게 느껴지던 그것이 그분의 시대적인 그리고

———

신앙적인 한계 아래 이루어진 사랑일 수도 있겠다는 것을 인정하기 시작하면서부터였다. 그도 본인의 아버지에게 받은 게, 혹은 본 게 그것밖에 없어서라는 것을 인정했다. 여전히 동의되지는 않으나, 그분의 마음 자체를 더 이상 의심하지는 않는다.

어떤 사랑도 완벽한 대칭을 이루지는 못한다. 그런 사랑은 없다. 다만 어떤 사랑은 애초부터 비대칭적 구조로 이루어져 있음이 틀림없다. 하나님과 우리의 사랑이 그러하고, 부모와 자녀 간의 사랑이 그러하다. 부모 된 이는 자나 깨나 자식 생각이다. 마음은 원이로되 육신이 약하여 그만큼 잘해 주지 못하고, 늘 미안할 뿐이다. 그런데도 자녀 입장에서는 부모의 표현이 늘 거칠게 느껴지고, 왜 그렇게밖에 하지 못하는지 의문일 뿐이다. 형제자매 간의 사랑 역시 매한가지다. 인격적 사랑을 하기에는 어려서부터 너무 많은 사연이 얽혀져 버린 경우가 많다. 원하지 않았으나 이미 매겨진 서열에 의해 차별받기도 하고, 불필요한 짐을 짊어지기도 한다. 그래서 '사랑'이라는 말이 가장 어울릴 법한 '가족'은, 어쩌면 가장 사랑하기 어려운 대상이기도 하다. 그래서 어떤 이들에게는 그 진절머리 나는 가족 관계를 유지하는 것 자체가 오늘 자신의 신앙적 최대일 수도 있다. 아니, 그처럼 가족을 사랑하는 게 일생의 사명일 수도 있다.

7학년이 가까워져 오시는 내 아버지가 요즘 좀 재미있다. 우리 애들만 보면 뭘 사 주려고 하신다. 자의든 타의든 내게는 구두쇠 같던 양반이었는데 어찌 저러시는지 의문이다. 아마 당신 자식이 커 갈 때는 아무것도 없어서 해 주지 못한 것을 여유가 생긴 이제야 자식의 자식들에게 해 주고 싶으신 게 분명하다. 사 주신다는 것들의 목록이 내게 사 주지 못해 미안했던 품목들과 같기 때문이다. '과일, 옷, 장난감'의 무한 반복이다.

어떤 사랑은 애초부터
비대칭적 구조로
이루어져 있음이 틀림없다.

하나님과 우리의 사랑이
그러하고,
부모와 자녀와의 사랑이
그러하다.

—

왜 사랑해야 해요?

나는 내가 스트레스를 잘 받지 않는 편이라고 여겨 왔다. 단
단한 착각이었다. 군목으로 사역하던 때에는 종종 장염 증
세가 찾아왔다. 반복되기에 어쩔 수 없이 병원에 갔더니 '스
트레스성 장염'이라고 한다. 특정하기 어려운 원인 불명 앞
에 '스트레스성'이라고 표현한다는 것 정도는 알았지만, 그
런데도 그때야 비로소 인정하게 되었다. 나는 강하지 않다
는 것을 그리고 스트레스가 없는 척했지만 몸은 정직하게
얘기해 주고 있다는 사실을 말이다.

전역 후 사역지를 옮긴 이래로 더 이상 장염 증세는 발생
하지 않았기에 그 증상을 잊고 있었다. 그런데 어느 순간부

터 '두통'이 일기 시작했다. 이 역시 계속 반복되자 어쩔 수 없이 병원에 갔더니 '스트레스성 편두통'이라고 진단한다. 역시나 '스트레스성'이라는 표현이 붙었다. 여러 진통제를 써 보던 중 다행히 내게 맞는 진통제를 찾게 되었고, 특별한 치료법이 없는 것을 확인한 후 그냥 안고 살아 내기로 결심했었다.

그러던 어느 날 또 두통이 일어났다. 또 왔나 보다 했으나 진통제가 떨어졌다. 어쩔 수 없이 병원을 방문해야 했는데, 누군가 추천해 준 집 인근의 신경과가 생각나 거기에 들렀다. 그저 처방전을 발급받아 진통제나 획득할 요량이었다. 그런데 꽤 오랫동안 문진을 이어 가던 의사 분이 내 증세는 '편두통'이 아닌 '후두부 신경통'이라고 진단하셨다. 그리고 이 증상에 맞는 약과 예방법은 편두통의 그것과 다르다고 설명해 주셨다.

그 후 개척하게 되었다. 한 번 더 사역지를 옮긴 셈이다. 다행인 건, 지금은 더 이상 두통이 나를 괴롭히지 않는다. 그래서 서로 다른 진단을 받았던 그 두통의 원인과 정확한 진단명이 무엇인지는 아직도 모른다. 더 이상 내 이슈가 아니었기에 말이다. 다만 우리가 전문가라고 생각하는 의사들도 각자의 진단이 천양지차일 수 있다는 것 그리고 진단이 다르면 해답도 다르다는 것 정도는 확신하게 되었다.

사역하던 교회에서 20대 중반의 한 남자 청년이 내게 이렇게 물은 적이 있다. "왜 사랑해야 해요?" 이어지는 말을 들어 보니, 그리해야 하는 이유를 잘 모르겠는데 굳이 그렇게까지 하고 싶지는 않다는 바였다. 누구라도 교회에서 이런 질문을 받으면 당황스러울 게다. 나 역시 당황스러웠고, 더욱이 처음 들어 본 질문이라 난감했다. 혹 들어온 그 질문 앞에, 그때는 "그러게 말이다"라며 입을 닫을 수밖에 없었다. 물론 하나님과 이웃을 사랑하라는 '대계명'을 얘기할까 싶기도 했으나 질문의 맥락에 어울리는 대답은 아닌 것 같아서 그만두었다. 다만 너무 어이없어서인지, 혹은 나 역시 그에 대한 확답이 없었음에도 불구하고 지금껏 사랑하라 말해 왔던 것이 부끄러워서였는지 모르겠으나, 그 질문이 두고두고 생각났다.

그리고 마침내 알게 되었다. 질문의 전제 자체가 잘못되었다는 사실을 말이다. 사랑하라는 예수의 말씀이 종교적 당위에서 비롯된 것이라면 그의 질문은 유효하다. 그러나 그리스도인의 사랑은 애초부터 당위가 아니다. '사랑해야 하는 것'이 아니라 '사랑하게 되는 것'이다. 이미 엄청난 사랑을 받았기에 나도 모르게 자연스레 사랑의 욕구가 생겨난다. 그렇다면 그냥 그렇게 사는 것이다. 그게 사랑이다. 여기에 '왜?'라는 질문은 도무지 설 자리가 없다. 존재하기에, 넘쳐나기에 흘러갈 뿐이다.

'미움'도 사실 동일하다. 만들어서 주는 게 아니라, 이미 자신이 갖고 있는 것을 꺼내 주는 것이다. 자신을 지배하고 있는 그 충만한 욕구가 보이는 대상을 그렇게 보게 한다. 그래서 그렇게 하게 된다. 그런데 꺼내 주는 것이라는 개념이 맞다면, 인간은 그 동일한 정감으로 타인만이 아니라 자신도 그렇게 본다고 볼 수 있다. 이 둘은 별개가 아니다. 그래서 누군가를 미워하고 있다면 이미 자신을 그리 미워하고 있는 것이고, 반대로 누군가를 사랑한다면 이미 자기 자신도 사랑하고 있음이 분명하다. 혹시 그토록 염원했던 이성과의 사랑이 시작되었을 때가 기억나는가? 그때 당신의 세상에는 어두움이 하나도 없었을 것이다. 분명 모든 사람에 대해 너그러웠을 것이다.

마이스터 에크하르트(Meister Eckhart)는 이렇게 말했다. "만일 그대가 그대 자신을 사랑한다면, 그대는 모든 사람을 그대 자신을 사랑하듯 사랑할 것이다. 그러나 그대 자신을 포함해서 모든 사람을 똑같이 사랑한다면, 그대는 그들을 한 인간으로 사랑할 것이고, 이 사람은 신인 동시에 인간이다. 따라서 그는 자기 자신을 사랑하면서 마찬가지로 다른 모든 사람도 사랑하는 위대하고 올바른 사람이다."

—

네 몸과 같이

하나님 나라에 사는 이들의 모습이 어떨지 궁금하다면 이들을 보면 된다. 젖을 충분히 먹고 엄마 품에 안겨 새근새근 자는 아기를, 이제 막 사랑을 시작한 커플의 달달한 모습을, 퇴사 날이 임박한 근로자를 말이다. 나는 주로 세 번째 부류의 사람들을 자주 본다. 달라진 게 하나 없음에도 불구하고 지금까지와는 전혀 다른 자태를 드러낸다. 짜증나던 일에도, 껄끄러웠던 이들에게도 굉장히 너그럽다. 그간 생존을 위해 좁혀져 있던 시야가 넓어져서인지, 그간 보이지 않았던 사람들이 보이기 시작하고, 타인들의 감정을 읽으며, 심지어 도우려 한다.

―

그런데 안타깝게도 내게는 퇴사라는 게 없다. 단지 내 근로의 자리가 교회이고 내 업무가 사역이라서가 아니라, 나를 통해 개척된 교회이기에 퇴사라는 개념을 가져 본 적이 없었을 뿐이다. 게다가 딱히 '퇴근'도 없다. '목양'이라는, '리더'라는 역할에는 퇴근이 없다. 그러나 이러한 부담과 피로가 켜켜이 쌓였던 어느 날 결국 폭발해 버렸다. 시험에 든 것이다. 도무지 설교할 에너지가 없었기에 다른 강사 분을 모셨었다. 그런데 설교 중, 그분은 마치 나 들으라는 듯이 이렇게 말씀하신다. "목사도 사랑받고 싶어요. 그래서 저는 성도들에게 나를 사랑해 달라고 합니다!"

그제야 문제를 직시할 수 있었다. 나의 진짜 문제는 '퇴사'와 '퇴근'이 없다는 것이 아니었다. 본질적인 것은 몸이 아니라 마음이었다. 나는 지금껏 내 욕구를 직면하기보다는 스스로를 너무 몰아세워 왔다. 신앙적 배경이 그러했고, 목적 지향의 기질적 강박이 그렇게 만든 것도 있었다. 그러다 보니 내 욕구의 절제와 거부로만 일관했었다. 돌아보니 그것은 예수님이 말씀하신 '자기 부인'이 아니라 '자기 부정'이었다. 내가 앞장서서 나 자신을 부정하는 자리에 선한 것이 깃들기는 어렵다. 또 다른 문제도 있었다. 지속적으로 사랑해야 하는 내 역할에 비해 내 안의 사랑의 총량이 부재했다. 꺼내어 줄 사랑이 없으면서 계속 사랑하려다 보니 밑바닥 긁는 소리가 내 귀에 들렸던 것이다. 소름이다.

이유는 여럿이었으나, 결론은 하나였다. 결국 내가 나 자신을 사랑하고 있지 않았다. 남의 욕구에는 민감하게 반응하나, 버젓이 존재하는 내 욕구는 감추고 절제하고 숨기는 데 급급했다. 이 와중에 흘려보내는 것보다 받는 게 적을 수밖에 없는 것이 목회의 기본값이라면 나라도 나를 챙겨야 하는 게 마땅했건만 그러지 못했다. 그래서 이때를 기점으로 나는 나 자신 역시 사랑하기로 결심했다. 남들만이 아니라 나도 좀 챙기기로 말이다. 그게 나도 살고, 목회도 살고, 교회도 사는 길이었다. 에리히 프롬은 《사랑의 기술》에서 이렇게 말한다. "다른 사람만이 아니라 우리 자신도 우리의 감정과 태도의 '대상'이며, 다른 사람과 우리 자신에 대한 태도는 모순되기는커녕, 기본적으로 '결합적'인 것이다."

예수님은 우리에게 대계명을 남기셨다. '하나님을 사랑하라. 네 이웃을 네 몸과 같이 사랑하라.' 그런데 그리스도인 중 여기 분명히 언급되고 있는 '네 몸과 같이'라는 말을 놓치는 이들이 꽤 많다. 혹자는, 사람은 모두 자신을 사랑하기에

—

굳이 의식할 필요가 없다고 주장하지만, 모두가 자신을 건강하게, 혹은 제대로 사랑하고 있는 건 아니다. 오직 다른 사람만 사랑할 수 있다면 그는 전혀 사랑할 줄 모르는 사람이다. '네 몸'을 사랑하지 못한다면 그는 절대 이웃을 사랑할 수 없다. '네 몸'도 반드시 사랑해야만 한다.

—

이상형은 없다

'졸업'이라는 것을 한 지 벌써 꽤 오래전이다. 대학교는 말할 것도 없고, 신학대학원을 졸업한 것도 벌써 15년 전이다. 오랜 시간이 지났음에도 여전히 기억나는 일들이 있다. 사람들이 모여 있는 곳에는 언제나 이야깃거리가 있으니 말이다. 어쩌면 그냥 사람들이 아니라, 마치 전국에 흩어져 있는 수많은 교회가 한자리에 모인 느낌과 더 비슷하기에 마르지 않는 샘처럼 수많은 이야기가 흘러나온다. 개중에는 시기별로, 혹은 계절별로 반복되는 재미난 이야기들이 있는데, 특별히 꽃 피는 봄에는 '예견자'들의 이야기가 심심치 않게 들린다. 이때가 되면 꿈에 자꾸 뭔가를 봤다는 이들이 등장한다. 그리고 그들이 보았다고 증언하는 것은 여학우들이다. 그리고 그 내적 사인에 힘입어 고백하기도 한다.

우리는 중요한 선택일수록 더 많이 심사숙고하며 결정하려고 한다. 그러나 이상하게도 한 인간의 수십 년의 삶에 가장 큰 영향을 미치는 결정적인 결혼에 대해서는 어이없을 만큼 감정에만 맡기거나 신비적 영역, 즉 하나님의 점지로 돌려 버리는 경우가 많다. 그런데 이러한 감정과 신비는 꼭 사회가 결혼 적령기라고 규정한 타이밍에만 일어난다. 예로든 예견자들만이 아니라, 사실 많이들 겪는 오류다.

군목 시절에 선배 군목을 통해 지금의 아내가 될 이를 소개받았다. 첫인상이 압도적이지는 않았으나 어떠한 끌림에 이끌려 몇 번 더 만났고, 그렇게 진지한 교제를 이어 나가기로 했다. 짧은 교제 기간에 비해 깊은 우여곡절이 있긴 했지만, 결국 우리는 결혼했다.

그런데 우리네 관계에 조금 이상한 점이 있다. 잠시, 혹은 약간 기분이 상한 적은 있었지만, 지금껏 큰소리를 내거나 대화가 단절된 적은 없었다. 싸운 적이 없다고나 할까? 그런데 한동안은 이게 큰 고민이었다. 수많은 이의 조언을 듣다 보니 무언가 잘못된 것만 같았다. 싸우지 않는다는 것은

—

서로에 대한 관심이 없어서 그렇다는 조언부터 싸움을 통해 서로의 숨은 욕구와 밑바닥을 보게 되기에 그 이후 화해하는 과정을 통해 비로소 하나가 된다는 조언까지 다양했다. 그래서 꽤 오랜 기간 우리의 사랑을 의심했다. 하지만 기우였다. 시간이 가면 갈수록 이 여인이 다른 누구와도 대체할 수 없는 유일자로 느껴지니 말이다. 물론 여전히 아리따운 여성을 보면 눈이 돌아가곤 한다. 그러나 같이 살아 보고 싶다는 생각은 전혀 들지 않는다. 지금의 하나 됨이 얼마나 복된 것인지, 또한 그 하나 됨이라는 게 결코 단시간 내에 이루어지지 않는다는 것을 알기에 말이다.

분명 처음의 그것도 사랑이었다. 하지만 거칠고, 투박했으며, 무엇보다 그녀를 다 알지 못했다. '사랑'이라는 것에도 문외한이었다. 그런데 이제는 이 세상에서 나를 가장 잘 아는 사람이 오직 그녀임을 확신한다. 또한 나 역시 그녀를 잘 알고 있다. 그 한 몸 이룸은 누구와도 대체할 수 없고, 무엇과도 바꿀 수 없는 유일한 것이다.

사람들은 이상형을 찾는다. 그러나 이상형은 그저 상상의 산물일 뿐이다. 물론 희박하지만, 이상형을 만날 확률이 있기는 하다. 그러나 그 이상형 역시 나를 좋아하리라는 법은 없다. 따라서 내가 이상형을 만날 가능성은 거의 0퍼센트에 수렴한다. 그러나 내 옆에 있는 그 사람이 이상형이 될 확률은 100퍼센트에 가깝다. 이처럼 이상형은 찾는 것이 아니라, 만들어 가는 것이다. 사랑이 그렇게 만든다.

많은 이가 사랑을 빠지는 것, 혹은 받는 것으로 생각한다. 그러나 그건 사랑이 아니다. 그럴 만한 사람을 마주했을 때 사랑한다는 것은 이미 그것이 사랑이 아니라는 증거다. 그저 호르몬의 작용으로 조성된 상상의 산물일 뿐이다. 언젠가는 감쪽같이 사라져 버릴 것이고, 도리어 충족되지 못한 기대가 짐이 되어 그 애정은 이내 증오로 바뀌어 버릴 것이다. 이처럼 적극적이지 않은 모든 것은 사랑이 아니다. 또한 과정이 없는 것 역시 사랑은 아니다. 심지어 자녀를 향한 부모의 것마저도 마찬가지다. 낳았다고 무조건 사랑이 생기는 것은 아니다. 충분한 시간을 토대로 알아 가고, 함께하며 만들어 가는 과정이 없다면 사랑에 이르지 못한다. 에리히 프롬이 《사랑의 기술》에 적어 놓은 글귀가 마음에 머문다. "성숙하지 못한 사랑은 '그대가 필요하기 때문에 나는 그대를 사랑한다'는 것이지만 성숙한 사랑은 '그대를 사랑하기 때문에 나에게는 그대가 필요하다'는 것이다."

———————

이상형은 찾는 것이 아니라,
만들어 가는 것이다.

———————

사랑이 그렇게 만든다.

—

한나의 아이

강원도 동해에 머물 때였다. 산과 바다의 절묘한 조화 아래
무언가 성스러워 보이기까지 하는 영동 지방의 자연은 내게
자연을 벗 삼아 음미하는 법을 가르쳐 주었다. 동기 중 유독
나 홀로 가장 먼 곳으로 떨어져서 처음에는 외로움을 느꼈
지만, 이내 자연의 가르침을 느끼며 살게 되었다. 그렇게 좋
은 시간을 보내던 중 어떤 이로부터 고급 정보를 들었다. 동
해시에서 출발하여 강원도 남부를 통과해 서울 청량리에 도
착하는 무궁화호 노선이 있는데, 특히 겨울 눈꽃이 필 때 이
노선에서 바라보는 경관이 가히 환상적이라는 정보였다. 다
만 4시간 30분이나 걸린다는 얘기 앞에 부담스러워서 미루

고 미루다가, 곧 동해를 떠나야 할 때가 다가오자 큰맘 먹고 타게 되었다.

기차가 출발했다. 얼마 지나지 않아 듣던 대로 창밖은 새하얘졌다. 다만 듣던 것과 다른 점도 있었다. 눈꽃이 빚어낸 하양이 아닌, 자욱하게 낀 안개가 만들어 낸 하양이었다는 점이다. 창밖에는 말 그대로 아무것도 보이지 않았다. 무려 세 시간이나 그 상태가 이어졌다. 안개가 걷혔을 때는 이미 눈이라곤 찾아볼 수 없는 경기도에 들어선 뒤였다. 그런데 문제는 또 있었다. 그 광경에 주목하기 위해 무려 3,000원이나 되는 거금을 더 내고 '특실'을 잡았다는 것 정도는 억울하지 않았다. 다만 그 칸에는 나를 제외하고 15분 정도 후에 탑승한 단 한 명의 승객만이 있었는데, 하필 그 사람이 내 옆자리에 앉았다는 것이 문제라면 문제였다. 그렇게 창밖의 안개와 통로 쪽 동행자 사이에 낀 채로 기차를 탔다. 미스터리다. 날씨야 인간이 통제할 수 없지만, 어쩌다가 좌석이 이렇게 배치됐을까? 환상을 기대했으나 환장만이 남았다.

여행에 있어 몇 가지 중요한 요소가 있다. 우선 '어디로 가는가?' 그리고 '누구와 함께하는가?'이다. 다만 이건 어느 정도 통제가 가능한 것들이다. 하지만 어떤 것은 너무 중요한데도 통제할 수 없다. '날씨'가 그러하다. 기껏 어려운 시간을 내어 떠났는데 우중충하기만 하면 꽤 피로해진다. 하지만 특이하게도 이 중요한 날씨가 어떤 이들에게는 그리 중요하지 않은 듯하다. 떠나는 게 익숙한 이들이나 장기간의 여정으로 떠나온 이들이 그렇다. 여행 초보이거나, 단기간의 여행이거나, 혹은 그 여행이 '도피'적 목적인 이들에게만 중요할 뿐, 앞선 이들에게 '날씨'는 그리 중요하지 않다. 그냥 주어진 상황을 경험하고 즐기고 기다릴 뿐이다.

누구나 최고의 신학자 중 하나로 꼽는 스탠리 하우어워스(Stanley Hauerwas)는 몇 년 전 《한나의 아이》(IVP 역간)라는 책을 출간했다. 그 '아이'는 바로 자신이다. 즉 회고록인 셈이다. 다만 이 회고록은 그저 살아온 인생을 정리한 정도에 머물지 않는다. '그리스도인은 도대체 어떻게 살아야 하는가?'라는 질문에 대해 자신의 인생을 회고하며 신학적으로 답변하고 있는 책이다. '정답 없는 삶 속에서 신학하기'라는 부제가 이 책을 통해 그가 말하고 싶었던 바를 설명해 준다. 때문에 일종의 신학적 회고록이라고 부르는 게 어울린다.

그는 자신을 미국 텍사스에서 한 벽돌공의 아들로 태어났다고 소개하며, 벽돌 쌓는 것을 배운 어린 시절에 신앙의 길에서 만난 친구들과의 우정을 회고한다. 별다를 바 없는 소소한 일화들이지만, 이를 통해 정리된 고백들은 우리의 마음을 말랑말랑하게 만든다. 그러나 결혼 후부터는 메시지의 결이 확연히 달라진다. 자기 아내가 양극성 장애(조울증)를 앓고 있다는 것을 깨달은 후부터다. 그럼에도 그는 무려 24년간이나 그 결혼 생활을 유지한다. 물론 자신의 헌신도 있었지만, 사이에서 낳은 아들이 아내의 친구가 되어 주었기에 가능했다. 그는 그렇게 그녀와의 사이에 있었던 난감했던 일들과 그때 자신의 마음들을 담담히 고백해 간다. 하지만 결국 아내는 이혼을 요구했고, 그는 어쩔 수 없이 이혼을 하게 된다. 그리고 얼마 후 그녀는 끝내 스스로 생을 마감한다. 이 비극적인 소식을 들은 뒤 하우어워스는 자신의 마음을 이렇게 남겼다. "내가 볼 때, 그리스도인으로 사는 것은 답 없이 사는 법을 배우는 과정이다. 이렇게 사는 법을 배울 때 그리스도인으로 사는 것은 너무나 멋진 일이 된다. 신앙은 답을 모른 채 계속 나아가는 법을 배우는 일이다."

주민등록증을 처음으로 발급받았을 때, 혹은 다시는 교복을 입지 않아도 된다는 것을 실감했을 때, 이처럼 소위 '어른'이 되었다는 물리적인 징표를 처음 접하던 자리들이 생생하게 기억난다. 그러나 기쁨도 잠시, 불과 얼마 지나지 않아 깨달았다. 정장을 입는다는 게, 혹은 유니폼을 입는다는 게 얼마나 피곤한 일인지를. 주민번호를 적어 넣는 일이 얼마나 무거운 일인지를 말이다. 어렸을 때는 세상도, 사람도, 사건도 혹과 백으로 너무 쉽게 판단했다. 하지만 연륜은 세상이, 사람이, 어떤 사건이 그렇게 쉽게 규정할 만큼 간단하지 않다는 사실을 깨닫게 했다. 그런 인생도 저런 인생도 있다. '모두를' 그리고 '완전히' 사랑하는 것 따위는 없다.

결과만 놓고 보면 하우어워스의 사랑은 마치 실패 같다. 그러나 그는 그 사랑하려던 과정 가운데 우연히 자기 삶에 깃들게 된 수많은 우정과 사랑에 대해 고백한다. 그리고 또 다른 사랑이 찾아왔음도 고백한다. 내 결론은 이렇다. 그런데도 사랑하려 한다면, 그 사랑은 무언가를 남길 것이다. 그리고 그 사랑이 무언가를 할 것이다. 하우어워스의 고백을 이렇게 바꿔 보련다. '사랑은 답을 모른 채 계속 나아가는 법을 배우는 일이다.'

\# 우리는 밀어낸 적 없다

어느 교회나 새 가족을 환영하는 데 지극정성이다. 그러나
실제로는 딜레마에 빠진 게 현실이다. '이렇게나 환영하는
데 왜 정착을 안 하지?' 특히 전통이 오래된 교회일수록 근
심이 깊다. 돌아봐도 잘 모르겠다. 모든 것을 완벽히 갖추지
는 못했으나, 그렇다고 모나게 대하지 않았다. 최선을 다했
다. 그런데도 좀처럼 정착하지 않고 떠나 버리는 이들을 보
면 의아하기도, 속상하기도 하다. 사정을 잘 모르는 이는 혹
시 텃세를 부린 것은 아니냐고 묻지만, 그럴 리 없다. 결코
밀어낸 적이 없다. 처음부터 정착할 의도가 없었는데 괜한
기대를 한 건지, 아니면 밀어내 놓고 거짓말을 하는 건지 잘

모르겠다.

어린 아들 녀석을 데리고 H사에서 운영하는 자동차 전시장에 간 적이 있다. 내 어릴 적 쌍둥이 빌딩이라 불렸던 L사 사옥에서의 체험이 오버랩되는 곳이었다. 그런데 평일이어서인지, 코로나 여파 때문인지 몰라도 체험 활동을 신청한 그 시간대에는 마침 나와 아들만 있었다. 코스를 따라 탐방하는 형식의 체험이었고, 체험 전시물 앞에는 각각의 도우미들이 있었다. 그들이 우리 부자만을 위해서 설명하는데, 마치 회장이라도 된 기분이었다. 다만 따로 얘기하지 않아도 모두 우리 중 주 체험자는 내가 아닌 아들임을 아는 듯이 보였다. 모든 설명이 아들에게 맞추어져 있었기 때문이다. 그런데 듣고 있는 아들의 눈빛을 보니 분명 다 알아듣는 느낌은 아니었다. 그런데도 그분들은 자신이 할 수 있는 최선을 다해 설명해 주고 있었다. 그 프로의식이 고마웠다. 나역시 질 수 없었다. 그래서 평소와는 다른 텐션으로 아이에게 반응을 해 주었다. 그러다 보니 문득 단 한 번도 가져 본적이 없었다는 생각이 들었다. 나와 아이의 눈높이가 많이 다르다는 사실 말이다. 그래서 도우미가 설명하고 있을 때아이 옆에 무릎앉아 자세로 눈높이를 맞춰 보았다. 그 자세로 함께 듣기 시작했다. 그런데 재미있게도, 그렇게 자세가 바뀐 나를 본 이 녀석이 나를 따라 똑같이 무릎앉아 자세를 취한다. 내 속마음은 모른 채 그저 나를 보고 그대로 따라 할 뿐이다. 설명하던 직원도 덩달아 웃는다. 하지만 그녀는 나를 따라 하지는 않았다. 당연하다. 여전히 친절했으나, 그녀가 나를 따라 할 이유는 하나도 없다.

'우리는 밀어낸 적 없다'는 말은 분명 거짓말이 아닐 게다. 그러나 거짓말이 아니라고 해서 반드시 참은 아니다. 박혀 있는 돌은 그 시공간을 점유해 왔다는 이유만으로도 일종의 점유 권력이 된다. 그들만 아는 추억, 그들만 아는 정보, 그들만 아는 언어, 그들만 앉는 자리 등 그 시공간 아래 지금껏 이루어졌던 모든 유무형의 것들이 그 자리를 처음 찾은 낯선 이들에게는 권력이요, 장벽처럼 느껴진다. 그래서 가만히 있더라도 밀어낸 것처럼 느낀다. 아니, 그렇게 치면 가만히 있는 것 자체 역시 이미 밀어내는 것이다. 우리의 속내를 알았으면 좋겠다는 것은 의미 없다. 그 사람 역시 그저 본 것, 느낀 것을 토대로 결정했을 뿐이다.

예수님이 이 땅에 오셨다. 인간 스스로 해결할 수 없었던 근원적 문제인 '죄'를 해결하기 위해 오셨음이 분명하다. 하지만 그가 오신 또 다른 이유도 있다. 사람들이 도무지 하나님의 말을 못 알아듣기 때문이었다. 하나님은 구약 시대 전반에 걸쳐 다양한 방식으로 당신을 알리고 드러내셨다. 그러나 사람들은 항상 자의적으로 그분의 뜻을 해석하고 변용했다. 그 귀결이 '바리새인'이라 불리던 자들이 아니던가? 역사상 하나님에 대해 가장 잘 알고 있고, 거룩하다고 여겨지던 그들이 성자 하나님이신 나사렛 예수를 십자가에 못 박았다. 그래서 그가 우리에게 오셨다. 그 초월자께서 인간으로 오셨기에, 인간의 언행으로 인간의 눈높이에 맞추어 가르쳐 주신다. 그리고 사람들이 찾기 전에, 그가 먼저 사람들을 찾아가셨다. 성육신은 그분이 의도적으로 선택하신 명백한 사랑 방식이었다.

—

분리불안의 늪에서

명절을 맞아 처가에 들러 식탁 교제를 하던 중 아내의 어린 시절에 대한 이야기가 나왔다. 다양한 이야기가 두서없이 꼬리에 꼬리를 물고 나오다 보니 어릴 적의 소풍 이야기까지 나왔다. 얘기를 듣다 보니 불현듯 내 초등학교 1학년 때 기억이 떠올라서 내 얘기도 해 주었다. 학교 인근의 산 공원으로 1학년 전체가 걸어서 소풍을 갔던 일화다. 부모들이 자발적으로 그런 건지, 학교 방침 때문이었는지는 잘 모르겠지만 대부분의 아이는 자기 부모와 함께 갔다. 단 세 명을 제외하고 말이다. 그중 하나가 나였다. 이 얘기를 듣던 아내가 어떻게 그렇게 정확히 기억할 수 있느냐며 조심스레 의

문을 표한다. 그러나 내 기억은 틀리지 않았다. 나를 포함한 그 세 명만 선생님들의 식사 자리에 껴서 점심을 먹었고, 선생님이 그 사실을 설명해 주셨기 때문이다. 분명 조작된 기억은 아니다. 하지만 본래의 성향이 독립적이어서인지, 그 일이 그렇게까지 크게 상처로 다가오지는 않았다고 말했다.

그런데 그렇게 대화를 마치고 보니, 상처가 아니었다고 말한 게 사실이 아닐 수도 있다는 데 생각이 이르렀다. 고작 여덟 살 때의 기억이 여태껏 생생하게 남았다는 것 자체가 이미 증언하고 있지 않은가? 그간 상처받지 않았다고 스스로 다독임으로 내 자존감을 세우려 했던 것은 아닐까 싶었다. 그래서 내 삶을 반추해 보았다. 그러다 보니 아내도 알고 있는 내 특징이 생각났다. 사람들이 무리를 이루고 있는 가운데 누군가가 홀로 떨어져 있거나, 함께 있더라도 아무 얘기하지 않는 이를 보면 나도 모르게 굉장히 안절부절못하게 된다. 그는 그렇게 있는 게 편해서일 수도 있는데, 나 혼자 어쩔 줄 몰라 한다. 그래서 이런 게 가끔은 병적으로 느껴지기에 가끔 '내가 왜 이러지?'라고 스스로 묻곤 했었고, 아내에게도 몇 번 얘기한 적이 있었다. 그런데 문득 '그 소풍 사건의 영향인가?'라는 생각이 들었다. 무엇이 진실인지는 아직 잘 모르겠다.

인간 본연의 감정 가운데는 '두려움'이 있다. 이를 가장 적절하게 묘사할 수 있는 상황은 태어나자마자 우는 아기의 모습이다. 엄마 배 속이라는 그 따뜻하고 평안한 자리로부터 처음으로 분리되었을 때 느끼는 감정이 그와 같다. 즉 '분리불안'이 두려움의 시작이다. 그러나 두려움은 이내 사라진다. 엄마가 안아 주고 젖을 먹임으로 두려움에서 벗어나 다시 평안함에 이른다. 그리고 색색거리며 잠든다. 이처럼 인간은 태어나자마자 분리불안에서 비롯된 두려움에 휘감겨 버리지만, 여전히 모태라는 본래 안식의 자리로 돌아감으로 자신이 안길 품이 있다는 근원적 안정을 찾아간다. 모든 인간이 이 패턴을 반복하며 삶에 적응해 간다. 하지만 아무리 두려울지라도 여전히 '엄마 품'이 기다리고 있다는 것에 적응하기도 전에 어떤 이들에게는 정서적 모처가 사라지고 만다. 아니, 많은 이가 그렇다. 그래서 우리는 언제나 사랑을 갈망하지만, 원하는 것보다 항상 적게 얻는다. 그 부족한 만큼 우리는 아프다. 그리고 두렵다.

가족 치료 분야의 연구에 따르면, 부부 사이의 정서적 갈등의 약 80퍼센트는 부부가 서로를 알기 전에 일어난 사건들에 뿌리를 두고 있다고 한다. 때문에 단지 이 갈등의 현재적 인과 관계만 헤아려 잘잘못을 따지거나 감정적으로 반응할 것은 아니다. 그렇다고 그대로 받아 줄 수만도 없다. 우리는 매사에, 모든 이에게 사역할 수는 없다. 다만 나 역시 분리불안의 늪으로부터 탈출하기 위해 나름의 최선을 다하고 있는 것처럼, 그 역시 그만의 전쟁이 있음을 알아봐 주기만 해도 좋을 듯하다. 적어도 한 번 정도는 물어봐야 하지 않을까? 드러난 20퍼센트가 아니라 숨겨진 80퍼센트를 듣기 위해서 말이다. 그리고 그것을 알게 된다면, 분명히 그가 예전처럼 보이지는 않을 것이다. 나아가 예전에는 모든 게 불편하기만 했던 그의 언행. 그런데 그것을 듣고 나면 이제는 그가 조금 다르게 보일 것이다. 어쩌면 일말의 연민이 일어날 수도 있다. 생각해 보니 그러한 아내와의 대화, 그저 별것 없어 보이는 소재 그리고 나를 향한 질문 하나가 내 과거를 보게 만들었고, 나 자신을 보게 만들었다.

우리는 언제나
'사랑'을 갈망하지만,
원하는 것보다
항상 적게 얻는다.

그 부족한 만큼
우리는 아프다.
그리고 두렵다.

—

사랑의 반대말

고속 국도를 운전하다 보면 마주하는 신기한 상황이 있다. 분명 꽉 막혔던 길이었는데, 어느 지점을 기점으로 아무 이유 없이 원활해지는 상황 말이다. 아무리 둘러보아도 개연성을 줄 만한 이유는 없다. 그런데 막혔었고, 또한 이유 없이 원활해진다. 이는 운전자들만의 의문이 아니라, 차량 흐름만 전문적으로 연구하는 연구가들의 난제이기도 하다. 그저 어떤 요인이 분명히 있었고, 이에 따라 찰나라도 병목 현상이 발생하면 그것이 나비 효과를 일으킨다고 추정할 뿐이다.

흔히들 미움을 사랑의 반대말이라고 한다. 하지만 미워

하지 않는 것을 사랑한다고 할 수는 없기에 유일한 반대말로 규정하기에는 조금 미심쩍다. 차라리 사랑의 반대말을 '무관심'이라고 부르는 게 넉넉해 보인다. 자기가 관심 있는 것들만 더 보고 싶어서 차라리 무관심한 것들을 그저 무시해 버리는 것 말이다. 그런데 무관심이 지나치다 보면, 그 무관심한 대상이 아예 내 관심이 미치는 경계 밖으로 사라져 버렸으면 하는 마음이 든다. 그것을 '미움'이라고 부르는 게 나아 보인다. 미움이 나쁜 이유는, 미워하면 타인에게 피해를 주기 때문도 아니요, 계명을 거부한 죄로 지옥에 가기 때문도 아니다. 사랑이라는 흐름 아래 사는 인간이란 존재에게 갑자기 등장한 작은 '미움'이 병목 현상을 만들어 내 그 뒤의 모든 정감의 흐름을 막아 버리기 때문이다. 그리고 스스로 지옥을 살아가게 된다. 무관심이 바로 그 병목 현상을 일으키는 일의 시초다.

유럽 전역을 꽤 오랫동안 여행한 적이 있었다. 한 달 정도 다니다 보니 유럽 여행은 결국 '성' 아니면 '교회'라는 사실을 알게 되었다. 어디를 가나 이 둘을 마주한다. 그러다 보니 시간이 갈수록 경탄이 줄어들기는 했지만, 그래도 상관없었다. 각 나라의 다양성이 묻어 있었기에, 또한 어떤 것은 그 자체로 압도적이었기에 익숙함이라는 장애물은 그리 큰 문제가 아니었다. 다만 공통점을 발견하니 이 둘이 그려 내는 미묘한 대조점에 흥미가 가기 시작했다. 사실 어쩌면 이 둘만큼 어울리지 않는 한 쌍도 없다. '성'은 미의 구현을 위해서가 아닌, 적으로부터의 방어를 목적으로 지어진 건축물이다. 때문에 만약 어느 지역에 '성'이 많다면, 그것은 아름다움이 많은 게 아니다. 이는 많은 전쟁이 있었다는 뜻으로서, 도리어 울부짖음과 추악함이 많았다는 이야기다. 그래서 "수고하고 무거운 짐 진 자들아 다 내게로 오라!"는 주님의 말씀을 가르치던 '교회'와 "내게로 오는 자 다 내가 베리라!"라고 말하는 '성'의 공존이 참으로 역설적이고 난해하다. 12차선 도로를 뚫어 놓고도 끔찍한 병목 현상을 일으켜서 그 뒤를 다 막아 버리고 있는 상황이 그려진다.

　내게는 누군가 사랑을 말하면서 무엇에도 관심을 갖지 않으려는 태도가 그러해 보인다. 반 고흐(Vincent van Gogh)는 이렇게 말했다. "삶을 사랑하는 최선의 길은 많은 걸 사랑하는 것이다."

—

불쌍한 사람들

누군가 내게 가장 좋아하는 음식이 뭐냐고 묻는다면, 바로
'탕수육'이라고 대답한다. 딱히 중국 요리를 좋아하는 건 아
니다. 사실 먹는 것 자체에 큰 관심이 없다. 하지만 여전히
탕수육만은 좋아한다고 말하고, 실제로도 좋아하며, 중국집
에 가면 이미 넉넉히 주문했더라도 탕수육을 추가로 주문하
곤 한다. 보편적이지 않은 기호에는 항상 특별한 사연이 있
기 마련이다.

　언젠가 내가 왜 그럴까 반추하다 보니 떠오른 장면이 하
나 있었다. 개척 교회 목사의 아들이라는 정체성으로 살던
시절, 우리 집에는 돈이 없었다. 하지만 목동 아파트 단지

에 살았다. 배곯는 동생을 위해 집을 내어 준 큰아버지의 배려였다. 때문에 마음 편히 살 수 있는 집을 얻었으나, 비교적 안정적인 삶을 사는 이들 사이에서의 상대적 박탈감도 얻었다. 여러 일화가 있지만, 4학년 때 엘리베이터에 동승했던 한 아주머니가 내 또래의 자식에게 짜장면 사 먹으라며 만 원짜리를 쥐어 주던 장면이 아직도 생생하게 기억난다. 훗날 유행했던 "어머님은 짜장면이 싫다고 하셨지"라는 가사가 내게는 아무 의미 없었다. 시켜 봤어야 싫다고 하는 모습도 볼 수 있는 것이 아니던가. 그러던 어느 날, 같은 통로의 어떤 집 문 앞에 탕수육 접시가 내놓아져 있는 것을 보았다. 지나갈 수밖에 없었기에 그 앞으로 지나갔는데, 접시에 남겨진 탕수육들이 눈에 들어왔다. 순간 먹고 싶다는 생각이 들었다. 그게 '탕수육'과의 질긴 인연의 시초인 듯하다. 아마도 그 순간의 나는 '음식'이 아닌 '자격'을 탐했던 것 같다.

돈은 사람을 행복하게 만드는 능력이 있다. 신앙적 수사를 동원하면서까지 그 능력을 애써 무시할 필요는 없다. 돈이 인간을 구원할 수는 없지만, 집착하지만 않는다면, 돈은 분명 우리를 행복하게 만들 수 있다. 돈이 조금 없으면 불편

할 뿐이지만, 돈이 많이 없으면 비참해진다는 게 그 증거다.
사실 돈 때문에 좀처럼 벗어나지 못하는 현실이 참 많지 않
던가. 수없이 회사를 때려치우고 싶지만 참고, 관계를 끊어
내고 싶지만 얽혀 있는 돈 앞에 마음을 접는다. 그러고 보면
가장 단단한 관계는 가족 관계보다 채무 관계임이 틀림없
다. 사실 가족이라는 신성한 관계조차 돈으로 엮여 있지 않
다면 더 이상 보지 않을 사이가 꽤 많다.

　배고픔에 못 이겨 빵 하나를 훔쳤다가 중죄인이 되었던
장 발장의 이야기는 우리에게 꽤 익숙하다. 이 장 발장을 주
인공으로 하는 빅토르 위고(Victor Hugo)의 《레 미제라블》은
당대 프랑스 사회의 현실을 적나라하게 고발한다. 그래서
장 발장은 한 개인이 아니라, 당대 배고픔으로 인해 인간
성이 파탄된 사회를 살던 이들을 상징한다. 사람들이 본래
부터 악다구니 같았던 것은 아니나, 결국 모두가 독이 오를
대로 올라 서로를 경멸하고 착취하며 살기 위해 발버둥 친
다. 이 소설은 그런 인간 군상들을 무대로 한다. 이와 같은
실낙원에 살던 장 발장은 살기 위해 그만 남의 빵에 손을
대고 만다. 그런데 이 역시 돈과 배경이 없다는 이유로 결
코 이해할 수 없는 중형을 선고받은 채 장기간 복역하게 된

다. 당대 비참했던 민중의 악순환적 현실이 고스란히 드러
난다.

그렇게 오랜 기간 복역을 마치고 출소한 장 발장에게는
무엇도 남은 게 없다. 가진 돈도, 받아 줄 사람도 없다. 희
망이 모두 거세되어 버린 지옥과 같은 삶이다. 그런데 우
연히 만난 '미리엘 주교'가 그를 받아 준다. 당대 민중의 삶
이 비참했던 것은 마지막 희망이 되어 주어야 할 교회와 사
제 계층조차 이미 부패했고, 심지어 공범들이었기 때문이
다. 하지만 미리엘은 달랐다. 그는 진정 예수의 마음으로
살며, 항상 민중들을 섬겼다. 그랬던 이였기에 낯설기만 한
장 발장을 받아 주는 건 일도 아니었다. 그러나 수십 일 굶
은 이에게 급작스레 주어진 만찬이 독이 되듯, 은혜를 경험
한 적 없는 장 발장에게는 미리엘의 큰 '은혜'를 소화할 수
있는 여력이 없었나 보다. 허기와 추위를 달랜 그는 그 집
에 있던 몇 개 남지 않은 값나가는 물건 중 하나인 은식기
를 훔쳐 도망간다. 그러나 금세 불심 검문에 잡히고 만다.
경찰은 사실 관계 확인을 위해 그를 미리엘의 집으로 데
려간다. 하지만 미리엘은 "그 은식기는 그의 것입니다!"라
며 선의의 거짓말을 한다. 심지어 그 집에 마지막 남은 고

가품인 은촛대까지 그의 손에 쥐여 준다. 그렇게 장 발장의 몸은 풀려났다. 아니, 그의 억눌렸던 마음이 풀려났다. 자신도 포기해 버렸던 자신을 끝까지 포기하지 않았던 단 한 사람의 사랑이 차디차게 식어 버린 그의 인간성을 일깨웠다. 그 후 장 발장은 이름마저 바꾼 채 마음을 독하게 먹고 새 인생을 산다. 시대적 흐름을 읽어 낸 사업으로 많은 돈을 벌어들인 그는 최선을 다해 노동자들을 돕고, 빈자들을 구호한다. 심지어 시장직에까지 오르게 된 그는 자신의 과거와 비슷한 처지에 노출된 이들을 돕는 데 최선을 다한다.

그러나 소설에는 장 발장과 정반대의 인물이 등장한다. 끊임없이 장 발장을 추격하며 그를 몰락시키려는 형사 '자베르'다. 그는 빵을 훔치지 않았다. 도리어 법을 수호하는 경찰이다. 하지만 그 역시 장 발장 못지않은 지옥도 속에서 자란 인물로서, 그의 내면은 지옥과 다를 바 없었다. 그래서인지 그는 이 세상이 이미 지옥이라고, 그래서 이 지옥에 사는 인간들은 절대 변하지 않는다고 굳게 믿는다. 이런 연유로 자베르는 장 발장이 분명 뒤로 구린 짓을 하고 있다고 확신하며, 그가 악인인 것을 증명하려는 데 집착한다. 그래서 모두에게 숨겨진 장 발장의 인생을 가장 잘 알고 있는 것은 역설적으로 그의 모든 행적을 추적해 온 자베르였다. 그러나 그런 그의 변화된 인생을 끝까지 인정하고 싶지 않았다. 믿고 싶지 않았다.

소설의 마지막쯤에 이르러 자베르는 자신이 수십 년간 쫓아다니며 괴로움을 안겼던 장 발장의 희생을 통해 목숨을 빚지게 된다. 그러나 자베르는 스스로 죽음을 선택한다. 너무 수치스러워서 그랬을 것이다. 장 발장으로 인해 자기 존재의 가벼움과 허망함을 느껴 버렸으니 말이다. 또한 부러워서 그랬을 것이다. 자신은 그런 삶을 얻을 수 없고, 얻을 자격도 없다는 생각 때문에 말이다. 비록 악을 징벌하는 자의 상징인 제복을 입고 있었지만, 도리어 현실은 스스로 악에 받쳐 타인을 파괴하기 위해 다녔기에 그런 자신이 부끄러웠고, 반면 장 발장의 변화된 삶이 부러웠을 게다.

소설의 제목인 '레 미제라블'(Les Miserables)은 프랑스어로 '불쌍한 사람들'이다. 그렇다면 과연 무엇이 사람을 불쌍하게 만드는 것일까? 그리고 무엇이 그 불쌍함으로부터 사람을 구원해 내는 것일까? 돈인가, 정의인가, 아니면 사랑인가?

—

소설은 답한다. 사랑의 부재는 결국 사람을 포기하게 만들지만, 결국 사랑이 사람을 만들었다고 말이다.

♥

🌢

정서적 면역 체계의
핵심은
'사랑'이다.

🌢

♥

♡

♦

인간을 지탱하고,
인간됨을 지속하게 만드는
근원 말이다.

♦

♡

$$\text{에필로그}$$

COVID-19의 공세가 어느 정도 일단락된 듯하다. 이 책의 원고를 마무리하던 때쯤, 정부는 실내 마스크 의무 조치의 해제를 선언했다. 그러나 마스크를 벗는다고 해서 다시 이전으로 돌아갈 수는 없어 보인다. 이미 세상은 너무 많이 달라져 버렸다. 특히 지구별 사람들의 라이프 스타일은 일일이 열거하기 벅찰 정도로 많이 변했다. 그런데 팬데믹이 미친 가장 큰 영향은 다른 데 있어 보인다. 무엇보다 우리 가운데 이미 존재했던 익명의 팬데믹을 수면 위로 끌어올렸다는 점이 가장 크다. 그 익명에 이름을 붙여 본다. '정서적 팬데믹.'

우리 시대의 수많은 정서적 질병은 사실 그 자체가 문제는 아니다. 오히려 이는 일종의 면역 반응이다. 면역 반응은

체내에 존재해서는 안 될 병균이 몸 안으로 들어오면 우리 몸을 지키기 위해 면역 체계가 반응하면서 일어나는 현상이다. 때문에 이는 나쁜 것이 아니다. 살아 있다는 의미이고, 살게 하려는 몸부림이니까. 다만 그 치열한 전투 현장의 열기가 실제 몸으로 전달되어 몸에 열이 난다. 그 가운데 편도가 붓거나, 콧물이 흐르거나, 발진이나 근육통이 발생한다.

정서적 면역 반응도 마찬가지다. 어떠한 자극들로 인해 정서가 오염되려 할 때, 면역 체계가 반응하며 내면의 발열 증세로 이어진다. 분노, 우울 같은 정서 말이다. 때문에 이런 감정 자체가 꼭 나쁘다고만 볼 수는 없다. 오히려 아직 인간성이 남아 있다는, 아직도 진심을 담고 산다는 징표다. 그러나 살아가는 데 있어서 정서적 병균에 노출되는 상황에서 벗어날 수는 없다. 인생에 무균실 따위는 없기에 그렇다. 때문에 우리는 면역 체계가 가동되기에 일어나는 면역 반응 자체가 아니라, 면역 체계가 작동하지 않는 것 자체를 두려워해야만 한다. 이 정서적 면역 체계의 핵심이 다름 아닌 '사랑'이다. 인간을 지탱하고, 인간됨을 지속하게 만드는 근원 말이다. 그런데 이것이 점점 파괴되고 있다. 작동하지 않는 이들이 점점 더 많아지고 있다. 그리고 COVID-19 바이러스가 변이를 낳으며 생존해 가는 것처럼, 정서적 팬데믹 역시 점점 더 강력하고 다양한 변이를 낳을 것이다. 그렇다면 우리에겐 '백신'도, '치료제'도 필요하다. 이 모든 것은 결국 '사랑'이다.

원고를 작성하며 사랑에 관련된 최고의 고전으로 손꼽히는 에리히 프롬의 책 《사랑의 기술》의 도움을 많이 받았다. 그는 이렇게 말했다. "사랑의 경우, 포기는 불가능하므로, 사랑의 실패를 극복하는 적절한 방법은 오직 하나뿐인 것 같다. 곧 실패의 원인을 가려내고 사랑의 의미를 배우기 시작하는 것이다. 최초의 조치는 삶이 기술인 것과 마찬가지로 '사랑도 기술'이라는 것을 깨닫는 것이다."

보다 더 나은 삶을 살기 위해서는 자신의 '몸'에 대한 이해가 필요하다. 그리고 이를 단련하기 위한 연습이 필요하다. 이를 외면한 대가는 무기력한 삶이다. 마찬가지로 사랑은 우리가 인간답게 살기 위한 최소한의 것이다. 그리고 인간은 누구나 사랑할 수 있는 잠재력을 가지고 태어난다. 하지만 잠재력이라는 게 항상 그렇듯이, 애써 계발하지 않으면 끝까지 묻혀 있게 된다. 부디 그것이 계발되어 우리의 것이 되길 바란다. 그 사랑이 정서적 팬데믹의 시대에 우리를 살리기 원한다.